가람 이병기 전집 3

번역시 · 소설 · 번역소설

가람 이병기 전집

3

번역시 · 소설 · 번역소설

전북대학교
출판문화원

△ 미군정청 시절 가람(1945년~1946년)

△ 휘문고보 '극문우회' 일동 (1931년, 가람과 정지용)

△ 고희 기념 - 동료 및 제자들과 함께(1961년, 맨 앞줄 좌로부터 정인승, 이희승, 가람, 부인, 손주들, 앞에서 뒤로 둘째줄 좌로부터 김상기, 조윤제, 최현배, 앞에서 뒤로 셋째줄 좌로부터 백철, 이태극, 이병도, 앞에서 뒤로 넷째줄 좌로부터 김동욱, 양주동, 박종화, 김근수, 정병욱, 앞에서 뒤로 다섯째줄 좌로부터 첫번째 남광우, 두번째 박재삼, 네번째 이능우, 여섯번째 임동균, 일곱번째 전광용, 열번째 이종익)

△ 가람 생가 입구에 서 있는 가람 동상

△『지나명시선』 표지

△ 가람이 상용하던 인장들

목차

번역시

소설

번역소설

가람 이병기 전집

번역시

I. 번역시집: 『지나명시선』

支那名詩選

杜詩選 朴鐘和 譯

李太白詩選 李秉岐 譯

일러두기

1. 번역시 부분은 『支那名詩選』(李秉岐 · 朴鍾和 譯, 漢城圖書株式會社, 1944)을 원본으로 하였다.
2. 『支那名詩選』은 원래 세로쓰기로 표기되어 있으나, 이를 가로쓰기로 편집하였다.
3. 본디 『支那名詩選』 제목은 한자어에 한글 독음이 병기되어 있지 않다. 독자의 가독성을 고려하여, 이 책에서는 '한글(漢字)'와 같이 병기하였다.
4. 띄어쓰기는 현대 정서법에 맞게 고쳤다.
5. 나머지는 모두 원문대로 따랐다.

목차

칠언절구七言絶句

오언절구五言絶句

오언율시五言律詩

1. 李太白詩選

李秉岐 譯註

이태백李太白의 생애生涯와 문장文章

문장文章으로는 이백李白을 의례依例히 일컬었다. 우리가 돌잡이할 때에도 「문장文章은 이태백李太白」이라 하고 그와 같은 문장文章이 되기를 빌었다. 과연 그 이름은 모르논 이가 없으리라. 그를 우리 조상祖上의 한 사람으로 알고 있는 이도 없지 않으리라. 그러나 그는 중국中國 사람이오 성당盛唐의 최대 시인最大詩人이었다.

이백李白은 자字는 태백太白이오 호號는 청연青蓮. 당고조唐高祖의 칠세조七世祖이든 홍성황제興聖皇帝는 본시 농서인隴西人으로 그의 구세조九世祖가 되고 그 뒤 선대先代에서 죄罪를 짓고 서성西城으로 옮겼다가 이백李白의 아버지가 서성西城서 도망하여 촉蜀의 창명현唱明縣 청연향青蓮鄉에 와 살다가 이백李白을 낳았다. 때는 당唐의 무칙천武則天 장안원년長安元年(701년).

그 어머니가 꿈에 장경성長庚星[태백성太白星]을 보고 낳았다 하여 그 이름을 그러케 지었으며 창명현 남昌明縣南 광산匡山에서 공부工夫를 하여 십 세十歲에 시서詩書를 통通하였고 커서는 민산岷山에 숨어 주거州擧에도 칭도稱道가 있었으나 응應하지 않고 익주장사益州長史 소정蘇頲이가 이백李白을 보고 「자네는 천재영특天才英特하니 좀더 공부工夫하면 사마상여司馬相如에게 비比하겠다」 하였으나 종횡술縱橫術

을 좋아하며 격검擊劍이나 하고 임협任俠하여 재물財物을 가벼히, 시혜施惠를 중重히 하였으며, 그 아버지가 임성위任城尉가 되매 산동山東으로 따러와 공소부孔巢父, 한준韓準, 배정裵政, 장숙명張叔明, 도면陶沔 등으로 더불어 조래산徂徠山에 숨어 시주詩酒로 일삼고 죽계육일竹溪六逸이라 하였다.

그러다 나히 사십四十이 넘어 남南으로 회계會稽에 가서 오균吳筠과 친親한 바 균筠이 피소被召하여 가매 이백李白도 장안長安을 가서 하지장賀知章을 보았다. 지장知章이 그의 지은 글을 보고 적선인謫仙人이라 하고 현종玄宗에게 말하여 현종玄宗이 금란전金鑾殿에서 불러보고 당세사當世事를 의논議論도 하며 송 일편頌一篇도 지어 들이매 현종玄宗이 사식賜食을 하며 친親히 조갱調羹도 하고 칙령勅令으로 한림翰林을 시켰다.

어느 봄, 홍경지興慶池 동東편 심향정沈香亭에는 각색各色 모란꽃이 만발滿發하였다. 현종玄宗은 양귀비楊貴妃와 함께 그 정자亭子에 앉어 이원梨園의 일등 악수一等樂手와 명창名唱 이귀년李龜年과를 시겨 연주케 할 때 그 악장樂章을 이백李白에게 지이려고 불러들였다. 이백李白은 맛츰 주도酒徒와 함께 주사酒肆에 취醉하여 누었다가 들어와 붓을 잡어 「청평조사淸平調詞」 등 십여장十餘章을 경각頃刻에 이루었다. 현종玄宗은 더욱 사랑하고 자조 연음宴飮을 베풀었다. 한번은 취하매 고력사高力士를 시겨 신을 벗기게 하였다. 역사力士는 그걸 함혐含嫌하고 「청평조사淸平調詞」의 어느 구句를 따서 귀비貴妃에게 먹어댔다. 그 뒤 현종玄宗은 이백李白을 더 쓰려하였으나 귀비貴妃가 방해妨害하였다. 이백李白도 용납容納이 못 될 줄을 알고 더욱 무방騖放하였고 하지장賀知章, 이적지李適之, 여양왕汝陽王 이진李璡, 최종지崔宗之, 소진蘇晉,

장욱張旭, 초수焦遂 등으로 취중팔선醉中八仙이 되였고, 환산還山하기를 간구懇求하매 현종玄宗이 황금黃金을 돌아보냈다.

이백李白은 더욱 도가道家나 좋아하고 사방四方 산천山川으로 돌아단이며 놀다 최종지崔宗之와 함께 배를 타고 채석강采石江서 금릉金陵으로 갈 때에는 궁금포宮錦袍를 입고 앉어 방약무인傍若無人하기도 하였다.

오십육五十六 세歲 되자 안녹산安祿山이가 반叛하매 여산廬山으로 피란避亂을 가서 영왕린永王璘에게 핍박逼迫되어 그 요좌僚佐가 되었다가 린璘이 모란謀亂함을 보고 도망하여 팽택彭澤으로 돌아왔다. 그러나 린璘이 패敗한 뒤, 사형死刑을 당할 터인데 곽자의郭子儀가 자기自己 벼슬을 내놓고 속죄贖罪하겠다 하여 곽자의郭子儀가 일즉 범법犯法하였을 때 이백李白이가 구면救免한 일이 있다. 야랑夜郞이란 곳으로 귀양이 되었다가 드디어 방환放還되었다. 그 뒤부터는 더욱 산수山水나 찾고 시주詩酒로나 날을 보내다가 육십이六十二 세歲 되든 해 선성宣城에서 취하여 죽으매 (당 숙종 보응 원년唐肅宗寶應元年, 762년) 일생一生 좋아하든 사가謝家 청산靑山 동록東麓에 장葬하였다.

그리고 오십여 년五十餘年을 지나, 선흡관찰사宣歙觀察史 범전정范傳正이가 그 무덤을 찾어 제祭하고 그 후예後裔를 찾으니 다만 손녀孫女 둘뿐인데 상민常民의 처妻가 되었다. 다시 사족士族에게 개가改嫁를 시겨주겠다 하여도 그는 마다하고, 선조先祖의 뜻이 청산靑山에 있으니 이속吏屬은 본의本意가 아니라 하고 울며 원하므로, 개장改葬을 하고 두 비석碑石을 세웠다.

성당盛唐은 중국문학中國文學의 최고봉最高峰 최절정最絶頂이었든 시대時代인 바, 이백李白은 두보杜甫와 아울러 가장 그 대표代表이었다. 두보杜甫보다는 나히 십 세十歲 위가 되며 그 사이도 막역莫逆하였다. 다시 없는 지기知己이었다. 그러나 그 개성個性과 작품作品은 전연 다르다. 이백李白은 호방豪放하고 낙천적樂天的이고, 두보杜甫는 심울心鬱하고 인도적人道的이다. 두보杜甫는 신고음영辛苦吟詠하였고 이백李白은 일기가성一氣呵成하였으며, 두보杜甫는 사실적寫實的이라 하면 이백李白은 낭만적浪漫的이겠다.

이백李白은 엄박淹博한 식견識見과 다방면多方面의 조예造詣가 있으며 그 작풍作風은 비장悲壯, 표일飄逸, 퇴방頹放, 심통沈痛, 향염香艶, 한적閑適 등의 많은 경지境地를 가지고, 넘치는 흥취興趣와 영감靈感으로 때로 붓을 들으면 사람을 놀래는 가묘佳妙한 시편詩篇을 이루든 것이다.

이번 팔십삼八十三 편篇을 골라 번역해 보았다. 워낙 남의 문학작품文學作品은 내 말로 옮기기란 쉽지 않은데, 한시漢詩처럼 그 중中에도 이백李白 시詩처럼 어려운 것을 촉박促迫한 시일時日을 두고 하자니 흐뭇하게는 될 수 없다. 워낙 그 성향聲響 · 색채色彩같은 건 도저到底히 옮길 수 없으매 겨우 그 의사意思나 잃지 않으려 한 것이다. 의사意思도 어느 건 막연漠然하여 모집어 말하기 어려우나 그려도 하노라 하였으며 이걸 보시는 분도 짐작하실 줄로 생각는다.

경진庚辰 한식절寒食節 가람

경하비이교회자방經下邳圯橋懷子房

자방子房이 아직 때 못 맞나	子房未虎嘯
파산破産쳐 살림 않고	破産不爲家
창해滄海에 장사壯士를 얻어	滄海得壯士
박랑사博浪沙에 진황秦皇을 치다	椎秦博浪沙
원수를 갚음은 이루지 못하나	報韓雖不成
천지天地가 모다 진동震動하였다.	天地皆震動
가만히 숨어 하비下邳에 노니	潛匿遊下邳
지용智勇이야 그 아니랴.	豈曰非智勇
내, 이제 이교圯橋 우에 와서	我來圯橋上
예와 그 영풍英風을 그립어 한다.	懷古欽英風
물은 그저 파랗게 흐르고	唯見碧水流
일즉 황석공黃石公은 없었다.	曾無黃石公
이 이 감을 탄식歎息하노니	嘆息此人去
서사徐泗는 소조蕭條히 비었고나.	蕭條徐泗空

▷ 장량(張良)의 자(子)는 자방(子房), 그 조상(祖上)은 한인(韓人)으로 다섯 대 한왕(韓王)을 섬기다 진(秦)이 한(韓)으로 멸(滅)하매 그 가산(家產)을 흩어 역사(力士)로 그 원수를 갚으려 하였다. 창해역사(滄海力士)는 조선 고대(古代)의 예국(濊國) 사람 검도령이라 하는데 백이십 근(百二十 斤) 철추(鐵椎)도 때렸다 함. 진황(秦皇)은 진시황(秦始皇). 하비(下邳)는 강소(江蘇) 서해도(徐海道)에 있는 땅. 이교(圯橋)는 토교(土橋), 장량(張良)이가 예서 황석공(黃石公)이라는 이를 맞나 병서(兵書)를 배웠다 함. 서사(徐泗)는 지명(地名), 서주(徐州), 사주(泗州).

심옹존사은거尋雍尊師隱居

뭇 봉오리 파랗게 찌른데	群峭碧摩天
노닐기에 해가는 줄 모른다.	逍遙不記年
구름을 헤쳐 옛 길을 찾고	撥雲尋古道
나무에 지혀 폭포를 듣다.	倚樹听流泉
따듯한 꽃에 청우靑牛 눕고	花暖青牛臥
높은 솔에 백학白鶴은 존다.	松高白鶴眠
말하다 강江ㅅ빛이 저므매	語來江色暮
호을로 찬 내에 나리다.	獨自下塞煙

원정怨情

새 사람은 꽃 같어 괴일만 하고
낡은 사람은 옥玉같이 귀중貴重히 왔다.

新人如花雖可寵
故人似玉由來重

꽃은 나불거려 스스로 진히지 못하고
옥玉은 깨끗하여 내내 가시지 않네.

花性飄揚不自持
玉心皎潔終不移

낡은 사람은 옛날의 새 사람이오
새 사람은 도로 낡은 날이 있나니.

故人惜新今尚故
還見新人有故時

진후陳后의 황금옥黃金屋을 보게나.
적적寂寂한 주렴珠簾에 실ㅅ밥만 튀겼네.

請看陳后黃金屋
寂寂珠簾生網絲

▷ 진후(陳后)는 한무(漢武)의 진황후(陳皇后).

구호오왕미인반취 口號吳王美人半醉

연꽃에 바람 이니 수전水殿도 향그로운듸	風動荷花水殿香
고소대姑蘇臺 우에 오왕吳王을 보고	姑蘇臺上見吳王
서시西施 취한 춤에 아양 떨다 힘이 없어	西施醉舞嬌無力
동창東窓 백옥상白玉床에 쌍긋 웃고 비겨 있다.	笑倚东窓白玉床

월녀사越女詞

야계耶溪에 연캐는 여자	耶溪採蓮女
객客을 보고 배를 돌린다.	見客棹歌回
웃으며 연꽃 속으로 들어가	笑入荷花去
수줍은 듯 나오지 않는다.	佯羞不出來

자오야가 子吳夜歌

한 쪽 장안長安 달에	長安一片月
만가락 다드미 소리	萬户擣衣聲
불어 오는 가을 바람	秋風吹不盡
다 옥관玉關의 시름이거니	總是玉關情
어느날 되놈을 다 치고	何日平胡虜
낭군郎君이 원정遠征을 파하리.	良人罷遠征

▷ 장안(長安)은 당(唐)의 국도(國都), 지금 섬서성 서안부(陝西省西安府).
옥관(玉關)은 장안 북 삼천육백 리(長安北三千六百里)에 있는 옥문관(玉門關).

추포음秋浦吟

강조江祖의 한 쪼각 돌　　江祖一片石
청천青天에 쓸은 화병畵屛　　青天掃畵屛

시詩를 써 만고萬古 두자니　　題詩留萬古
퍼런 글자에 금태金苔가 난다.　　綠字錦苔生

백발白髮이 삼천三千 길　　白髮三千丈
시름으로 이러하다.　　緣愁似箇長

모르겠다 명경明鏡 속에　　不知明鏡裏
어드런 게 가을 서린가.　　何處得秋霜

천천千千 석남石楠 나무　　千千石楠樹
만만萬萬 여정女貞 떨기　　萬萬女貞林

산山마다 해오리 차고　　山山白鷺滿
간수마다 잣나븨 우니　　澗澗白猿吟

그대 추포秋浦를 가지 마소.　　君莫向秋浦
잣나븨 소리 객의 맘을 바수네.　　猿聲碎客心

나인邏人이 조도鳥道를 비껴 | 邏人橫鳥道
강조江祖로 어량魚梁을 나오네. | 江祖出漁梁

물은 급하고 배는 빠르고 | 水急舟行疾
뫼ㅅ꽃은 낯에 떨처 향긔롭네. | 山開拂面香

▷ 나인(邏人)은 나(邏)땅의 사람.

파주문월把酒問月

청천靑天에 저 달이 몇 번이나 온고.	靑天有月來幾时
내, 이제 잔을 멈추고 묻노라.	我今停盃一問之
사람은 달을 더위잡을 수 없지마는	人攀明月不可得
달은 도려 사람과 서로 따르도다.	月行却與人相隨
닷붓근 거울처럼 밝어 단궐丹闕에 다다르고	皎如飛鏡關丹闕
녹연綠煙은 슬어지고 맑은 빛 퍼지어라.	綠煙滅盡淸輝發
밤이면 바다 우로 옴을 볼 뿐이오	但見宵從海上來
새벽 구름 틈으로 지는 줄 어이 알리.	寧知曉向雲間沒
가을 또 봄, 힌 토끼 약藥을 찧고	白兎搗藥秋復春
항아姮娥는 외로 이웃 할이 뉘 있으리.	姮娥孤栖與誰鄰
지금 사람은 옛 달을 못 보았으되	今人不見古時月
지금 달은 옛 사람을 비쳐 왔도다.	今月曾經照古人
옛 사람 지금 사람 흐르는 물과 같어	古人今人若流水
저 달을 봄이 다 이러하리.	共看明月皆如此
다만 원컨대 노래하고 술 대할 때	惟願當歌對酒時
달빛은 항상 금준金樽에 비쳐다오.	月光長照金樽裏

▷ 궐(丹闕)은 선궁(仙宮). 힌 토끼는 달 가운대에 있어 약(藥)방아를 찧는다 함. 항아(姮娥)는 선녀(仙女).

패석강상대월유회 挂席江上待月有懷

가다려도 달은 아니 나고	待月月未出
강江만 절로 흐르더니	望江江自流
서西편 성머리 푸른 허공에	倏忽城西郭
옥玉 갈구려 삼듯 걸려	青天懸玉鈎
그 빛은 비록 거둘 망정	素華虽可攬
함께 노들 못 하여라.	清景不同遊
반자기는 물ㅅ결 속에	耿耿金波裏
지작루鳷鵲樓만 처다 본다.	空瞻鳷鵲楼

오야제烏夜啼

황운성黃雲城ㅅ갓 잘 가마귀 黃雲城邊烏欲棲
날어들어 깍깍 운다. 歸飛啞啞枝上啼
비단 짜는 진천秦川 여자 機上織錦秦川女
사창紗窓 격하여 말을 하다 碧紗如烟隔窓語
북을 멈춰 외오 그리고 停梭悵然憶遠人
눈물로 빈 방만 지키는고야. 獨宿空房淚如雨

대설헌종형우성재對雪獻從兄虞城宰

지난 밤 양원梁園 속에	昨夜梁園裏
아우 추운 줄 형은 모르네.	弟寒兄不知
뜰 앞의 옥수玉樹를 보매	庭前看玉樹
연지連枝 그려 애를 끊네.	腸斷憶連枝

정야사靜夜思

상 앞의 달빛을 보고
이게 서린가 하다.

머리들어 산ㅅ달을 바라보고
머리 숙여 고향故鄕을 생각노라.

牀時看月光
疑是地上霜

擧頭望山月
低頭思故鄕

청평조사清平調詞 삼수三首

꽃이 얼굴, 구름이 의상衣裳인 듯　　雲想衣裳花想容
봄ㅅ바람 떨쳐 한창 노그라지다.　　春風拂檻露華濃
군옥산群玉山 머리에 못 볼 양이면　　若非群玉山頭见
요대瑤臺 달 아래 가서 맞나리라.　　會向瑤臺月下逢

▷ 군옥산(群玉山) 요대(瑤臺)는 선경(仙境).

염향艷香한 한 가지 이슬에 엉겼새라.　　一枝穠艷露凝香
무산巫山 운우雲雨는 헛애만 끊는고야.　　雲雨巫山枉斷腸
묻노니 한궁漢宮의 뉘와 같을고.　　借問漢宮谁得似
비연飛燕이 겨오 새 단장으로나 비길가 하이.　　可憐飛燕倚新妝

▷ 운우무산(雲雨巫山)은 초양왕(楚襄王) 꿈에 무산(巫山) 신녀(神女)가 조운모우(朝雲暮雨)가 되었다는 고사(故事). 비연(飛燕)은 한성제(漢成帝)가 사랑하든 조비연(趙飛燕).

꽃과 미인美人 서로 반겨　　名花傾國兩相歡
님은 항상 웃음을 띤다.　　長得君王帶笑看
봄바람에 시름을 풀고　　解釋春風無限恨
심향정沈香亭 북北의 난간을 비기다.　　沈香亭北倚闌干

산중문답山中問答

산에 삶은 어인 일고
웃고 잠잠 맘 편하다.

복숭아 꽃 떠지는 물
인간人間 아닌 별천지다.

問余何意栖碧山
笑而不答心自閑

相花流水窅然去
別有天地非人間

춘일독좌기정명부春日獨坐寄鄭明府

귀밀은 시퍼렇고 | 燕麥青青遊子悲
강둑 금버들은 늘어졌다. | 河堤弱柳鬱金枝

긴 가지는 바람에 떨쳐 | 長條一拂春風去
종일 두고 흐늘거리다. | 盡日飄揚無定時

내, 떠나온 지 오래인데 | 我在河南別離久
어이 견디어 앉았으리. | 那堪坐此對窻牖

오마는 님도 아니 오니 | 情人道來竟不來
뉘라 함께 취해 보리. | 何人共醉新豐酒

망종남산기자각은자望終南山寄紫閣隱者

문門에 나서 남산南山을 보고	出門見南山
고개를 들어 마지 않는다.	引領意無限
뛰어난 빛을 어떻다 할꼬	秀色難爲名
암암히 푸르스름도 하다.	蒼翠日在眼
때로 이는 흰 구름	有時白雲起
절로 펴락 옴으락	天際自舒卷
내 맘도 저리하여	心中與之然
흥이 매양 깊다 마는	託興每不淺
어이 그윽히 숨어	何當造幽人
자최를 끊음 같으랴.	滅跡棲絕巘

수중초樹中草

새가 들밭 풀을 물어	鳥銜野田草
마른 뽕나무 속에 떠러트린다.	誤入枯桑裏
덧흙에 뿌리를 박아	客土植危根
봄을 맞나 죽지 않는다.	逢春猶不死
초목草木이 무정타 하되	草木雖無情
오히려 지혀 살거든	因依尙可朱
어찌 같은 가지와 닢으로	如何同枝葉
각각 시들고 싱싱하랴.	各自有枯榮

군마황君馬黃

그대 말은 누리고 내 말은 히다.	君馬黃我馬白
말 빛은 비록 달러도	馬色雖不同
마음은 본대 막힘이 없다.	人心本無隔
한데 외입도 하고	共作遊冶盤
쌍져 거닐기도 하다.	雙行洛陽陌
긴 칼은 하마 조요한데	長劍旣照曜
높은 갓은 어어 혁혁한고.	高冠何赩赫
값진 갑옷을 제여곰 두고	各有千金裘
귀한 손 노룻도 함께 하다.	俱爲五侯客
모진 범도 함정에 지고	猛虎落陷穽
장부도 한 때 액을 당한다.	壯夫時屈厄
서로 앎이 도움에 있나니	相知在急難
혼자만 좋으면 무얼하리.	獨好亦何益

류야랑제규엽 流夜郎題葵葉

그대 능히 발호 위함을 부끄리고　　慙君能衛足
나는 멀리 뿌리 옮김을 슬허하네.　　嘆我遠移根

해가 만일 나누어 비칠진대　　白日如分照
돌아가 옛 동산을 지킬라네.　　還歸守故園

견야초중유일백두옹도
見野草中有日白頭翁堵

취해 마을 집으로 들다.	醉入田家去
거친 들에 노래하다.	行歌荒野中
어이 청초青草 속에	如何青草裏
또한 백두옹白頭翁이 있노.	亦有白頭翁
꺾어 거울에 대니	折取對明鏡
귀밑 털과 비슷하다.	宛將衰鬢同
그들이 서로 피하는 듯하야	微芳似相誚
한恨을 품고 동풍東風을 향하다.	留恨向東風

▷ 백두옹(白頭翁)은 할미꽃, 꽃 핀 뒤 그 열매에는 한 치쯤 되는 백모(白毛)가 백발(白髮)처럼 드려 있다.

첩박명妾薄命

한제漢帝 아교阿嬌를 괴어	漢帝寵阿嬌
황금옥黃金屋에 갊어 두다.	貯之黃金屋
해타咳唾도 구천九天에 떨어지며	咳唾落九天
바람 따려 주옥珠玉을 이룬다.	隨風生珠玉
이래 다 사랑을 때우고	寵極愛還歇
새우다 도리어 벙그러져	妬深情却疏
장문長門 지척咫尺이라도	長門一步地
어가御駕를 잠시 아니 돈다.	不肯暫回車
떠러진 비는 하늘을 못 오르고	雨落不上天
엎친 물은 다시 거둘 수 없고나.	水覆難再收
님의 정과 첩의 뜻은	君情與妾意
동東으로 서西로 각각 흐른다.	各自東西流
옛날은 부용화芙蓉花요	昔日芙蓉花
인자는 단장초斷腸草다.	今成斷腸草
색으로 남을 생기다	以色事他人
얼맛 동안 귀엄을 받으랴.	能得幾時好

▷ 한제(漢帝)는 한(漢)의 무제(武帝). 아교(阿嬌)는 한무제(漢武帝)의 진황후(陳皇后)의 유명(幼名). 황금옥(黃金屋)은 무제(武帝)가 일즉 말하기를 내, 아교(阿嬌)를 얻으면 황금옥(黃金屋)에 갊어 두겠다한 것. 장문(長門)은 장문궁(長門宮), 진황후(陳皇后)를 유폐(幽閉)하든 곳. 단장초(斷腸草)는 부용화(芙蓉花)의 일명(一名).

황강사橫江詞

해신海神은 지나고 모진 바람 회돌으며	海神來過惡風廻
물결은 천문天門을 쳐 석벽石壁이 열린다.	浪打天門石壁開
절강浙江 팔월八月이 어이 이런고	浙江八月何如此
연산連山의 분설噴雪처럼 파도波濤는 일어 오는고나.	濤似連山噴雪來

횡강관橫江館 앞의 나와 맞는 사강沙江	橫江館前津吏迎
풍風편 바다 이는 구름 가리치며	向余東指海雲生
나리, 이제 무슨 일로 건느시려오.	郎今欲渡緣何事
이런 풍랑風浪엔 갈 수 없나이다.	如此風波不可行

▷ 진리(津吏)는 나룻 일을 맡어 보는 이.

원정怨情

미인美人이 주렴珠簾 걷고	美人捲珠簾
깊이 앉어 아미蛾眉를 찡긴다.	深坐顰蛾眉
눈물에 젓은 흔적痕迹만 뵈고	但見淚痕濕
누를 한恨함인지 알 수 없다.	不知心恨誰

자견 自遣

술에 저무는 줄 모르는데	對酒不覺暝
지는 꽃은 옷에 가득하다.	落花盈我衣
취해 일어 시냇달에 거니노니	醉起步溪月
새도 없고 사람 또한 드물다.	鳥還人亦稀

영린여동창해석류詠鄰女東窗海石榴

노녀魯女 동창東窗 아래	魯女東窗下
세상世上에 드문 해류海榴	海榴世所稀
산호珊瑚가 녹수綠水에 비친들	珊瑚映綠水
빛남을 비길 것이랴.	未足比光輝
바람에 향은 맑게 피고	淸香隨風發
지는 날 고운 새는 돌아간다.	落日好鳥歸
동남東南에 그 가지 되어	願爲東南枝
낮윽이 들어 나의羅衣를 떨치고저.	低擧拂羅衣
가치 더위 잡어 꺾을 길 없어	無由共攀折
고개 들고 금비金扉만 바라본다.	引領望金扉

▷ 노녀(魯女)는 노지(魯地)의 여자(女子).
금비(金扉)는 화려(華麗)한 사립문(門)

우인회숙友人會宿

천고千古의 시름을 씻어 버리고	滌蕩千古愁
연일 병을 기우르다.	留連百壺飮
밤에 이야기도 좋으려니와	良宵宜清談
달에 차마 잘 수 없다.	皓月未能寢
취하여 공산空山에 누어	醉臥空山裏
천지天地로 금침衾枕을 하다.	天地卽衾枕

대주부지待酒不至

옥호玉壺에 청실 매어	玉壺繫青絲
술 사오기 웨 이리 더디뇨.	沽酒來何遲
뫼 꽃은 날 향해 웃는다.	山花向我笑
잔을 조히 먹음즉하이	正好銜杯時
늦윽이 동창東窗 아래 기우르니	晚酌東窗下
꾀꼬리도 예서 다시 우는고야.	流鶯複在茲
봄바람과 취한 사람	春風與醉客
질거온 자 오늘이다.	今日乃相宜

관원단구좌무산병풍觀元丹丘坐巫山屏風

옛날 삼협三峽에 놀며 보든 무산巫山	昔遊三峽見巫山
이제 보는 그 그림 완연宛然도 하다.	見畫巫山宛相似
하늘ㅅ가에 솟아난 열두 봉오리	疑是天邊十二峯
자네 집 채병綵屏 속으로 날어들었다.	飛入君家綵屏裏
찬 솔은 어슥어슥 속살이는 듯	寒松蕭颯如有聲
양대陽臺는 아들아들 정이 드는 듯	陽臺微茫如有情
금금錦衾과 요석瑤席은 웨 이리 쓸쓸한고.	錦衾瑤席何寂寂
초왕楚王 신녀神女는 간여릴 뿐이네.	楚王神女徒盈盈
높이 지척咫尺, 천 리千里와 같고	高唐咫尺如千裏
취병翠屏 단애丹崖는 비단처럼 번적이고	翠屏丹崖粲如綺
창창蒼蒼한 먼 나무 형문荊門을 에우고	蒼蒼遠樹圍荊門
역력歷歷히 가는 배 파수巴水에 뜨고	歷歷行舟泛巴水
잔원潺湲한 물과 돌 만학萬壑으로 나누고	水石潺湲萬壑分
연기煙氣와 풀빛은 함께 어린다.	煙光草色俱氤氛
시내 꽃은 해에 웃어 어느 해 피며	溪花笑日何年發
나그내는 강江에 잣나븨 몇 해를 들으로	江客聽猿幾歲聞
나로 이를 허기게 하는 마음	使人對此心緬邈
숭구嵩丘에 들어 채운綵雲 꿈을 꾸는가 하이.	疑入嵩丘夢綵雲

▷ 양대(陽臺)는 신녀(神女)의 노는 곳.
숭구(嵩丘)는 낙양동남오십(洛陽東南五十)에 있는 명산(名山).

심고봉석문산중원단구
尋高鳳石門山中元丹丘

기약期約없이 깊이 찾는 이 길	尋幽無前期
인 흥에 먼 줄 모르겠다.	乘興不覺遠
질펀한 언덕 건느기 어려운데	蒼厓渺難涉
해는 어느덧 저므는 날	白日忽欲晚
서너 뫼를 못 미치어	未窮三四山
천만千萬 번을 휘돌았다.	已歷千萬轉
고요히 잣나비 시름 듣고	寂寂聞猿愁
가며 걷는 구름을 보다.	行行見雲收
높은 솔에 달은 조히 비치고	高松來好月
비인 골은 맑은 가을인 듯하다.	空谷宜清秋
시내는 깊어 눈이 잦었고	溪深古雪在
돌은 끊쳐 흐르느니 찬 물	石斷寒泉流
중천中天에 솟은 봉오리	峯巒秀中天
올라 보기 다 할 수 없다.	登眺不可盡
단구丹丘는 멀리서 부르며	丹丘遙相呼
돌아보고 문득 웃는다.	顧我忽而哂
드디어 깊은 곧에 이르니	遂造窮谷間
비로소 한가로움을 아노라.	始知靜者閑
서로 즐겨 긴 밤을 새우고	留歡達永夜
새벽에야 겨우 돌아오다.	清曉方言還

심산승불우尋山僧不遇

돌ㅅ길로 빩안 굴헝에 드니
솔문은 푸른 이끼에 다치고
빈 들엔 새 자욱이오.
선방禪房은 여는 이 없고
창틈으로 보이는 백불白佛은
벽에 걸려 몬지가 끼었다.

가려다 도로 거니노니
향긔론 구름은 산山을 두르고
꽃비는 하늘서 나린다.
허공의 풍악도 이미 좋은데
잣나븨 울음은 웨 들리는고.
세상世上 일이 살뜰이 끊여
이곳은 바로 유유悠悠하도다.

石徑入丹壑
松門閉青苔
閑階有鳥跡
禪室無人開
窺窓見白佛
掛壁生塵埃
使我空嘆息
欲去仍徘徊
香雲徧山起
花雨從天來
已有空樂好
況聞青猿哀
了然絕世事
此地方悠哉

▷ 백불(白拂)은 총채, 몬지 떠는 것

하일산중夏日山中

백우선白羽扇을 흔득이고	懶搖白羽扇
숲속에 벍언 몸으로	裸體青林中
건巾은 벗어 석벽石壁에 걸고	脫巾掛石壁
이마 내어 송풍松風을 쐬다.	露頂灑松風

산중여유인대작山中與幽人對酌

뫼 꽃 핀 듸 마주 거울러 兩人對酌山花開
한 잔 한 잔 또 한 잔을 一杯一杯復一杯

내, 취해 졸리니 자네는 가소. 我醉欲眠卿且去
낼 아침 뜻 있거든 거믄고 가지고 오소. 明朝有意抱琴來

춘일취기언지春日醉起言志

세상世上 살기 큰 꿈과 같다.	處世若大夢
웨 수고로이 구뇨.	胡爲勞其生
온종일 취하여	所以終日醉
앞 마루에 쓰러졌다.	頹然臥前楹
깨어 보니 뜰 앞 꽃 서리에	覺來眄庭前
새가 한 마리 운다.	一鳥花間鳴
이, 어느 때냐.	借問此何時
꾀꼬리 말하는 봄이 로고	春風語流鶯
느꺼워 한숨을 쉬려다	感之欲歎息
술을 다시 거우르고	對酒還自傾
노래하며 달을 기다리다.	浩歌待明月
곡조 다하매 정을 잊었다.	曲盡已忘情

방대천산도사불우 訪戴天山道士不遇

물소리 속에 개가 짖고	犬吠水聲中
복숭아 꽃 비를 띠고 짙다.	桃花帶雨濃
때로 사슴이 보이고	樹深時見鹿
낮에도 쇠북소리 안 들리다.	溪午不聞鍾
대숲은 이내에 나뉘고	野竹分青靄
폭포는 봉오리에 걸렸다.	飛泉掛碧峰
간 곳을 아는 이 없어	無人知所去
두 세 소나무에 지혀 시름만 하다.	愁倚兩三松

남경서회覽鏡書懷

도道를 얻음은 때가 없고	得道無古今
도를 잃고 늙기만 한다.	失道還衰老
웃읍다 거울에 비친 사람	自笑鏡中人
흰 털이 서리풀과 같고야	白髮如霜草
가슴을 만지며 탄식嘆息하노니	捫心空嘆息
네 그림자 저리도 야위었으리.	問影何枯槁
도리桃李도 무슨 말을 하리	桃李竟何言
남산호南山皓만 되고 말었다.	終成南山皓

▷ 남산호(南山皓)는 상산(商山) 사호(四皓).

청촉승준탄금聽蜀僧濬彈琴

촉승蜀僧이 녹기綠綺를 안고	蜀僧抱綠綺
서西으로 아미봉蛾眉峯을 나려오다	西下峨眉峰
날 위해 손을 한번 휘두르니	爲我一揮手
만학萬壑의 송풍松風을 듣는 것 같다.	如聽萬壑松
객의 시름을 씻기 듯 하고	客心洗流水
남은 소리 상종霜鍾으로 든다.	餘響入霜鍾
산山은 벌서 저무는듸	不覺碧山暮
갈ㅅ구름은 몇 겹이나 끼었는고.	秋雲暗幾重

▷ 녹기(綠綺)는 거문고 이름.

의고擬古

긴 노로도 매기 쉬우랴.	長繩難繫日
예부터 한 가지 슬허 하나니	自古共悲辛
황금黃金ㅅ 덩이 북두北斗보다 높아도	黃金高北斗
아끼지 않고 양춘陽春을 사리.	不惜買陽春
석화石火는 머문 빛이 없어	石火無留光
도리어 세상世上 사람 같으니	還如世中人
고대 하는 일도 이미 꿈같으니	即事已如夢
뒤에 오는 나야 어느 몸이랴.	後來我誰身
가난탄 말 말고 병을 내어	提壺莫辭貧
술 받고 이웃 사람 불르라.	取酒會四鄰
선인仙人이 아무리 황홀恍惚하여도	仙人殊恍惚
취한 천진天眞만 못 하리라.	未若醉中眞
산 이는 지나는 나그내	生者爲過客
죽은 이는 돌아가는 이	死者爲歸人
천지天地는 한 나그내ㅅ 집으로	天地一逆旅
만고萬古 풍진風塵을 함께 겪는다.	同悲萬古塵
월토月兎는 헛되이 약을 찧고	月兎空擣藥
부상扶桑은 이미 섶이 되다.	扶桑已成薪
백골白骨은 적적도 하고	白骨寂無言
청송青松은 어이 봄을 알리.	青松豈知春

앞뒤에 도로 탄식嘆息만 하노니 前後更嘆息
한 때 영화榮華야 무엇이 귀하리. 浮榮何足珍

▷ 부상(扶桑)은 해뜨는 곳에 있다는 신수(神樹).

백로자白鷺鷥

해오리 가을 물에 나린다.	白鷺下秋水
외로 날라 듯는 서리 같다.	孤飛如墜霜
마음이 한가로워 가지를 않고	心閑且未去
홀로 우두컨히 돌ㅅ가에 섰다.	獨立沙洲傍

영계詠桂

세상世上 사람 심은 도리桃李	世人種桃李
금장문金張門에 모여 있다.	皆在金張門
제 먼저 꺾으려 하여	攀折爭捷徑
봄ㅅ바람에 헌사하다.	及此春風暄
하루 아침 서리 치니	一朝天霜下
빛남을 진히기 어렵다.	榮耀難久存
어이 알리 남산南山의 계수桂樹나무	安知南山桂
녹엽綠葉이 향그론 뿌리에 드류는 줄.	綠葉垂芳根
그 맑은 그늘에 의지함 즉하노니	清陰亦可託
자네 동산에 심음을 어이 아끼리.	何惜樹君園

▷ 금장문(金張門)은 금씨(金氏) 장씨(張氏)의 문(門), 권귀(權貴)한 문(門).

제원단구산거題元丹丘山居

고인故人이 동산東山에 살어	故人棲東山
구학丘壑의 미美를 스스로 사랑하고	自愛丘壑美
청춘靑春을 빈 숲에 누어	青春臥空臥
낮에도 일어나지 않는다.	白日猶不起
송풍松風은 옷깃을 맑히고	松風清襟袖
석담石潭은 심이心耳를 씻는다.	石潭洗心耳
조용히 벽하碧霞 속에 고침高枕함을	羡君無紛喧
내, 그대를 부리워 하노라.	高枕碧霞裏

기원寄遠

미인美人 있을 때엔 꽃이 방에 가득하더니
미인美人 간 뒤에는 비인 자리만 남었다.

美人在時花滿堂
美人去後空餘牀

자리에 비단 이불은 말린 대로
지금 세 해토록 향취는 그저 난다.

牀中繡被卷不寢
至今三載聞餘香

향취도 종내 슬지 않고
사람도 종내 오지 않네.

香亦竟不滅
人亦竟不來

서로 그리운데 황엽黃葉은 지고
흰 이슬은 푸른 이끼를 적신다.

相思黃葉落
白露濕青苔

삼오칠언三五七言

가을 바람은 맑고	秋風清
가을 달은 밝고	秋月明
지는 닢 모였다 도로 흩어지고	落葉聚還散
찬 가마귀 깃드렸다 다시 놀랜다.	寒鴉棲復驚
서로 그리고 서로 봄은 어느 날일꼬	相思相見知何日
이때 이 밤을 견디기 어려워라.	此時此夜難爲情

희증두보戲贈杜甫

반과산飯顆山 머리에 두보杜甫를 맞나니	飯顆山頭逢杜甫
이마에 갓을 이고 해는 꼭 낮이었다.	頂戴笠子日卓午
그동안 그리도 야위었느뇨.	借問別來太瘦生
괴로이 시詩를 짓노라 그러노라.	總爲從前作詩苦

제봉정사題峯頂寺

봉정사峯頂寺에 밤을 드니	夜宿峰頂寺
손으로 별들을 만짐즉 하이.	擧手捫星辰
감히 소리 높여 말도 못 하겠다.	不敢高聲語
천상天上 사람이 놀랠가 하여.	恐驚天上人

동일귀구산冬日歸舊山

더럽힌 갓끈을 싯지도 못 하고	未洗染塵纓
돌아오매 꽂다운 풀은 좋다.	歸來芳草平
한 줄기 등藤ㅅ길은 퍼렇고	一條藤徑綠
만점萬點 눈ㅅ봉오리는 개었다.	萬點雪峯晴
싸늘한 곳에 닢 먼저 지고	地冷葉先盡
찬 골짜기 구름도 아니 인다.	谷寒雲不行
고운 대는 집을 들어 깃고	嫩篁侵舍密
늙은 나무 강江을 굽어지혔고	古樹倒江横
마을 떠나 짖는 흰 개	白犬離村吠
벽우에 돋은 파란 이끼	蒼苔壁上生
부엌을 뚫고 지내는 꿩	穿廚孤雉過
집에 우는 묵은 잣나븨	臨屋舊猿鳴
앙상한 가지에 새집은 남고	木落禽巢在
성긴 울에는 짐승의 길이다.	籬疎獸路成
상床을 떠니 쥐가 달어나고	拂床蒼鼠走
상자를 업치니 좀이 놀랜다.	倒篋素魚驚
벼루를 씻어 좋은 책문策文을 쓰겠고	洗硯修良策
솔을 두드려 곧은 뜻을 비기리.	敲松擬素貞
이때 다시 한번 가거드면	此時重一去
가서 응당 삼청三淸에 이르리라.	去合到三淸

▷ 삼청(三淸)은 옥청(玉淸), 상청(上淸), 태청(太淸)으로 선인(仙人)이 사는 곳.

하릉양연고계삼문육자탄
下陵陽沿高溪三門六刺灘

삼문三門에 비낀 여울 三門橫峻灘
육랄六剌에 닫는 물ㅅ결 六剌走波瀾

범처럼 엎드리고 이는 물 石驚虎伏起
룡처럼 서리고 휘도는 물 水狀龍縈盤

칠리뢰七里瀨만 못지 않다. 何慚七里瀨
나로 낚싯대를 드류도록 한다. 使我欲垂竿

▷ 칠리뢰(七里瀨)는 엄자릉(嚴子陵)이 노든 곳.

촉도난蜀道難

어우아 높고 바드롭고야. 　　噫吁戱危乎高哉

촉도蜀道의 어려움 하늘 오르기보다 어렵고야.

　　蜀道之難難於上靑天

잠총蠶叢과 어부魚鳧 　　蠶叢及魚鳧

개국開國한 지 까암아 아득하다. 　　開國何茫然

그 뒤 사만四萬 팔천八千 해에 　　爾來四萬八千歲

진새秦塞와 인연人烟을 트지 못 하였다. 　　不與秦塞通人烟

서西으로 태백太白 새나 다닐 길은 　　西當太白有鳥道

아미蛾眉의 이마를 가루 끊었다. 　　可以橫絶峨眉巓

땅 문어지고 산山 꺾어 장사壯士가 죽고 　　地崩山摧壯士死

그리고 겨우 사다리ㅅ길이 놓였다. 　　然後天梯石棧相鉤連

우에는 여섯 룡이 해를 돌리든 고표高標가 솟고

　　上有六龍回日之高標

아래는 다질르는 물결, 엇꺾이는 회천回川이 돈다.

　　下有動波逆折之回川

황학黃鶴이 날려도 지나지 못 하고 　　黃鶴之飛尙不得過

잣나븨라도 더위잡기 겁을 내리. 　　猿猱欲度愁攀援

청니靑泥는 어이 서리고 서려 　　靑泥何盤盤

백보百步에 아홉 번 꺾여 암만巖巒을 휘돈다. 　　百步九折縈巖巒

참정參井을 어루만져 된 숨을 쉬다. 　　捫參歷井仰脅息

가슴을 만지며 앉어 긴 시름을 하다. 　　以手撫膺坐長歎

그대, 서西으로 노다 어느 때 돌아갈꼬. 問君西遊何時還
험궂은 길, 바드로운 바위 오를 수 없고 畏途巉巖不可攀
다만 보이긴 고목古木에 슬피 우는 새 但見悲鳥號古木
숨놈이 암놈을 부르며 숲새로 날어 들고 雄飛雌從繞林間
또 들으면 자규子規 달애 울어 공산空山을 슬허한다. 又聞子規啼夜月愁空山
촉도蜀道의 어려움, 하늘 오르기보다 어렵고야. 蜀道之難難於上青天
이런 말 듣기만 하는 이도 얼굴이 바스러지리. 使人聽此凋朱顏
연봉連峰은 하늘과 한자도 못 되고 連峰去天不盈尺
고송枯松은 거꾸로 절벽絶壁에 매달리고 枯松倒掛倚絕壁
폭포와 폭포는 다투어 수떠려 飛湍瀑流爭喧豗
낭을 치고 돌을 굴려 굴헝마다 우룽거린다. 砯崖轉石萬壑雷
험함이 이러한듸 其險也如此
그 먼 길 사람이 어드렇게 왔을꼬. 嗟爾遠道之人胡爲乎來哉
검각劍閣은 머흘고 깜앟다. 劍閣崢嶸而崔嵬
한 사람 관문關門을 지키면 만萬 사람도 못 연다. 一夫當關萬夫莫開
지키는 바 친한 이 아니면 所守或匪親
이리와 늑대 노릇을 하네. 化爲狼與豺
아침에는 모진 범을 피하고 朝避猛虎
저녁에는 긴 배암을 피하나 夕避長蛇
이를 갈고 피를 빨어 磨牙吮血
사람 죽임 난마亂麻와 같다. 殺人如麻

금성錦城이 비록 질겁다 해도 錦城雖雲樂
집으로 일즉 돌아감만 하랴. 不如早還家
촉도蜀道의 어려움, 하늘 오르기보다 어렵고야.
蜀道之難難於上青天
조심히 서西으로 바라보며 탄식嘆息할 뿐이어라.
側身西望長咨嗟

▷ 잠총(蠶叢), 오부(烏鳧)는 촉(蜀)의 고대왕(古代王)의 이름.
진새(秦塞)는 진국(秦國)의 일새(逸塞). 태백(太白)은 산명(山名).
장사(壯士)가 죽었다함은 진혜왕(秦惠王)의 오녀(五女)를 촉왕(蜀王)에게 출가(出嫁)시켰는데 촉(蜀)의 오력사(五力士)를 보내어 맞어, 돌아오다가 오력사(五力士)가 대사(大蛇)를 잡다 산(山)을 문어트려 오녀(五女)와 종자(從者)가 다 죽었다는 전설(傳說).
육룡(六龍)은 해의 신(神)이 육룡(六龍)을 타고 달어났다는 신화(神話).
고표(高標)는 촉(蜀)의 높은 산(山)이름. 청니(青泥)는 고개 이름.
삼정(參井)은 별 이름. 검각(劍閣)은 산명(山名). 즉 대소검산(大小劍山)의 연산절험(連山絶險)한 곳에 비각(飛閣)으로 된 통행로(通行路).
금성(錦城)은 성도부성(成都府城) 이름.

행로난行路難

금준金樽에 맑은 술 십천 두十千斗와	金樽清酒鬥十千
옥반玉盤에 맛진 반찬 만 전萬錢어치	玉盤珍羞直萬錢
잔 멈추고 저를 던져 먹지를 못 하고	停杯投筋不能食
칼을 빼어 휘둘러 보고 마음 아득하고야.	拔劍四顧心茫然
황하黃河를 건느랴니 얼음에 막히고	欲渡黃河冰塞川
태행太行을 오르랴니 눈이 가득하여	將登太行雪滿山
한가로이 벽계碧溪에 낙시를 드리워	閑來垂釣碧溪上
배를 타고 다시 해 옆의 꿈을 꾸노니	忽復乘舟夢日邊
길이 어렵다.	行路難
길이 어렵다.	行路難
지럼길도 많고야.	多岐路
이제 어데 있으랴.	今安在
긴 바람 물결을 부수고 응당 때가 있으니	長風破浪會有時
바로 운범雲帆을 걸어 창해滄海를 건느리라.	直掛雲帆濟滄海

▷ 태행(太行)은 산명(山名).
운범(雲帆)은 화려(華麗)한 돛폭.

증내贈內

삼백三百 육십六十날	三百六十日
날마다 곤드러진다.	日日醉如泥
이백李白이 마누라는 되드라도	雖爲李白婦
태상太常의 안해와 무얼 다르랴.	何異太常妻

▷ 태상(太常)은 종묘제사(宗廟祭祀)를 맡은 관원(官員), 즉 봉상사(奉常寺).

상삼협上三峽

무산巫山이 청천靑天에 끼고	巫山夾靑天
파수巴水도 흘러 이와 같다.	巴水流若玆
파수巴水는 급히 다함즉 하나	巴水急可盡
청천靑天은 이를 때 없다.	靑天無到時
사흘 아침 황우黃牛에 올라	三朝上黃牛
사흘 저녁 가도록 더디다.	三暮行太遲
사흘 아침, 사흘 저녁	三朝又三暮
귀밑털이 실 된 줄을 몰랐다.	不覺鬢成絲

▷ 황우(黃牛)는 지명(地名).

춘일독작春日獨酌

동풍東風에 풍기는 훈김　　東風扇淑氣
수목水木이 다 빛나도다.　　水木榮春暉
해는 녹초綠草에 비치고　　白日照綠草
지는 꽃은 흩이다 난다.　　落花散且飛

외로 구름은 공산空山에 돌고　　孤雲還空山
새들은 저대로 돌아간다.　　衆鳥各已歸

제마다 다 의지할 곳 있건마는　　彼物皆有託
나는 홀로 외로울 뿐이다.　　吾生獨無依

이, 돌 우에 달을 더불고　　對此石上月
취하여 봄노래나 부르리라.　　長醉歌芳菲

송양산인귀숭산送楊山人歸嵩山

내, 만고택萬古宅이 있노니	我有萬古宅
숭양嵩陽 옥녀봉玉女峯이다.	嵩陽玉女峯
오래 달 한 쪽을 머물려	長留一片月
동東편 시내 소나무에 걸다.	掛在東溪松
그대, 가면 선초仙草를 캐소.	爾去掇仙草
창포菖蒲꽃은 자용紫茸하네.	菖蒲花紫茸
해 늦어 서로 찾거드면	歲晩或相訪
청천靑天에 백룡白龍을 타세나.	靑天騎白龍

하종남산과곡사산인숙치주
下終南山過斛斯山人宿置酒

저물어 벽산碧山으로 나리니　　暮從碧山下
산山ㅅ달도 사람을 따른다.　　山月隨人歸
오든 길을 돌아보매　　却顧所來徑
창창蒼蒼히 산山 허리에 비꼈다.　　蒼蒼橫翠微
서로 끌고 전가田家에 이르니　　相攜及田家
아이는 사립문을 연다.　　童稚開荊扉
대 숲속 그윽한 길로 드니　　綠野入幽經
댕댕이 넌출 옷을 떤다.　　青蘿拂行衣
반겨 말하다 머무르며　　歡言得所憩
향긔론 술을 함께 마시다.　　美酒聊共揮
긴 노래로 송풍松風을 읊고　　長歌吟松風
그 곡조 지자 밤은 깊었다.　　曲盡河星稀
나는 취하고 그대는 질거하여　　我醉君復樂
서로 더불어 아무런 줄 모른다.　　陶然共忘機

춘사春思

연초燕草는 청실같고	燕草如碧絲
진상秦桑은 가지 낮다.	秦桑低綠枝
돌아올 맘 여복 하리	當君懷歸日
나도 애가 끊어지네.	是妾斷腸時
봄바람은 부지럽시	春風不相識
나장羅帳으로 불어 드네.	何事入羅幃

▷ 연초(燕草)는 연(燕)따의 풀, 진상(秦桑)은 진(秦)따의 뽕.

심노성북범거사실도락창이중견범치주적창이작
尋魯城北范居士失道落蒼耳中見范置酒摘蒼耳作

기러기는 멀리 가고	雁度秋色遠
구름도 없는 고요한 날	日靜無雲時
지행 없는 이내 마음	客心不自得
호만浩漫한 길에 어대로 갈꼬.	浩漫將事之
범야인范野人을 믄듯 생각하노니	忽憶范野人
한가론 동산 그윽히 기르는 모양	閑園養幽姿
사뭇 이는 흥에	茫然起逸興
오히려 걸음이 더딘가 하다.	但恐行來遲
성호城壕에 길을 잃어	城壕失往路
말이 풀섶에 헤맨다.	馬首迷荒陂
취운구翠雲裘도 아낄 수 없이	不惜翠雲裘
도꼬마리게 속을려니	遂爲蒼耳欺
팔을 잡는 이 누구신가.	入門且一笑
문門에 들어 또 한 번 웃었다.	把臂君爲誰
주객酒客이 가을 나물을 질기는 바	酒客愛秋蔬
소반에는 익은 배도 올랐다.	山盤薦霜梨
다른 자리면 저도 아니 니릴테나	他筵不下筯
이 자리서는 배고픔을 잊었다.	此席忘朝飢
산ㅅ대초는 북곽北郭에 드리우고	酸棗垂北郭

수박 넌출은 동리東籬에 얽혓다.	寒瓜蔓東籬
다시 서너 잔을 기울이고	還傾四五酌
스스로 맹호사猛虎詞를 읊다.	自詠猛虎詞
십일음十日飮만 지잖으랴.	近作十日歡
천재千載라도 기약期約켔다.	遠爲千載期
풍류風流 절로 진탕振宕한데	風流自簸蕩
회해詼諧도 또한 좋다.	謔浪偏相宜
잔뜩 취해 말에 오르며	酣來上馬去
도리어 고량지高陽池를 웃노라.	却笑高陽池

▷ 성호(城壕)는 성(城)밑으로 둘른 물ㅅ굴헝,
취운구(翠雲裘)는 취운(翠雲) 빛인 갓옷,
십일음(十日飮)은 진소왕(秦昭王)이, 조평원군(趙平原君)에게 편지를 하고 십일음(十日飮)을 가치하자든 일.
맹호사(猛虎詞)는 「용행의주인(容行衣主人)」 등(等) 구(句)를 가진 고대(古代)의 사(詞).
고량지(高陽池)는 즉 습가지(習家池),
습씨(習氏)는 형토호족(荊土豪族)으로 좋은 원지(園池)에 술을 두고 놀며 취하든 곳.

오서곡烏棲曲

고소대姑蘇臺 우에 가마귀 자러 올 때	姑蘇臺上烏棲時
오왕吳王 궁宮 속에 서시西施는 취했다.	吳王宮裏醉西施
오가吳歌 초무楚舞를 아직 못 다 겨워	吳歌楚舞歡未畢
청산靑山은 해를 반半이나 먹음었다.	靑山欲銜半邊日
은전銀箭 금호金壺에 누수漏水는 만히 괴고	銀箭金壺漏水多
일어보면 가을 달은 강파江波에 떠러진다.	起看秋月墜江波
점점 동방東方이 밝어 오니 이를 어이 할꼬.	東方漸高奈樂何

▷ 고소태(姑蘇台)는 오왕(吳王) 부차(夫差)가 쌓은 것.
오가(吳歌) 초무(楚舞)는 오(吳)나라의 노래와 초(楚)나라의 춤.
은전(銀箭) 금호(金壺)는 누수(漏水)의 기구(器具).
누수(漏水)는 옛날 시각(時刻)을 알리든 것.

고객행佸客行

천풍天風애 배를 띄고 海客乘天風
멀리 가는 바다 나그내 將船遠行役

구름 속 새와 같이 譬如雲中鳥
한번 가면 자취 없다. 一去無蹤跡

고구려高句麗

금화金花 절풍모折風帽 쓰고	金花折風帽
백마白馬로 더듸 도네.	白馬小遲回
번득이는 너른 소매	翩翩舞廣袖
해동海東ㅅ새가 온 듯하이.	似鳥海東來

답우인증오사모答友人贈烏紗帽

엳은 오사모烏紗帽는	領得烏紗帽
백접리白接䍦보다 나오.	全勝白接䍦
산인山人이 거울을 안 보매	山人不照鏡
애들이 보고 맞는다 하오.	稚子道相宜

▷ 오사모(烏紗帽), 백접이리(白接離䍦)는 머리에 쓰는 것.

증황산호공구백한贈黃山胡公求白鷴

이백李白이 평생平生 혹호酷好하든 백한白鷴을 호공胡公이 준다는 말을 문불가점文不加點하고 이 시詩를 지었다 함.

청컨대 쌍백벽雙白璧으로	請以雙白璧
그대의 쌍백한雙白鷴을 사려 하노니	買君雙白鷴
백한白鷴은 히기 힌 비단같고.	白鷴白如錦
힌 눈도 얼굴을 부끄린다	白雪恥容顏
그림자는 옥조담玉照潭 속에 비치고	照影玉潭裏
털은 기수琪樹 사이에 갈고	刷毛琪樹間
찬 달밤에 고요히 자고	夜棲寒月靜
지는 꽃 아침에 한가히 걷는다.	朝步落花閑
나는 이 새를 얻어	我願得此鳥
보고 벽산碧山에 살려 하더니	翫之坐碧山
호공胡公이 잘두 거둬 주어	胡公能輟贈
그 롱籠을 야인野人에게 부쳐 돌린다.	籠寄野人還

양양곡 襄陽曲

현산峴山은 한강漢江에 다달려	峴山臨漢江
퍼런 물에 모래는 눈같다.	水淥沙如雪
우에 있는 타루비墮淚碑는	上有墮淚碑
파란 이끼에 메이었다.	青苔久磨滅

고풍古風

태백太白은 어이 창창蒼蒼한고	太白何蒼蒼
별들은 우에 버려	星辰上森列
하늘과는 삼백 리三百里요	去天三百裏
세상世上과는 멀리 떠러졌다.	邈爾與世絕
그中에 한 녹발옹綠髮翁이 있노니	中有綠髮翁
구름을 헤치고 송설松雪에 누어	披雲臥松雪
웃지도 않고 말도 않고	不笑亦不語
바위ㅅ구멍에 살고 있다.	宴棲在岩穴
내, 와서 진인眞人을 맞나	我來逢真人
길이 꿇어 보결寶訣을 물으매	長跪問寶訣
번쩍 옥치玉齒를 열고	粲然啟玉齒
연약설鍊藥說을 가르킨다.	授以鍊藥說
뼈에 사겨 그 말을 전하고	銘骨傳其語
몸이 하마 슬까 하고	竦身已雷滅
우럴어 바래도 따를 수 없어	仰望不可及
창연蒼然히 오정五情만 끓는다.	蒼然五情熱
내, 단사丹砂를 마련하여	吾將營丹砂
영구永久히 세상世上 사람과 리별하려니.	永與世人別

▷ 태백(太白)은 산명(山名).
오정(五情)은 희로애오욕(喜怒哀惡欲).

옥계원玉階怨

옥계玉階 깊은 밤에	玉階生白露
이슬이 깁버선에 스민다.	夜久侵羅襪
도로 수정염水晶簾 나리고	却下水晶簾
영롱玲瓏한 달ㅅ빛만 바라 본다.	玲瓏望秋月

초출금문심왕시어불우영벽상앵무
初出金門尋王侍御不遇詠壁上鸚鵡

깃 떠러치고 금전金殿을 떠나	落羽辭金殿
외로 울어 수의繡衣를 탓하다.	孤鳴咤繡衣
말 잘하다 버리게 되매	能言終見棄
도로 농서隴西를 향해 나른다.	還向隴西飛

▷ 농서(隴西)는 앵무(鸚鵡)의 고토(故土).

증맹호연贈孟浩然

나의 사랑하는 맹부자孟夫子는　　吾愛孟夫子
천하天下에 풍류風流로 들린다.　　風流天下聞

홍안紅顔으로 헌면軒冕을 버리고　　紅顔棄軒冕
백수白首로 송운松雲에 누었다.　　白首臥松雲

달에 취하여 자주 성聖도 되고　　醉月頻中聖
꽃에 흐려 님도 아니 섬긴다.　　迷花不事君

높은 뫼를 어이 우럴으랴　　高山安可仰
다만 그 청분淸芬이나 그릴 뿐이다.　　徒此揖清芬

▷ 헌면(軒冕)은 벼슬이라는 뜻.
청분(淸芬)은 맑은 향기.

월하독작月下獨酌

하늘이 만약 애주愛酒를 않으면	天若不愛酒
주성酒星이 하늘에 없을 것이오	酒星不在天
땅이 만약 애주愛酒를 않으면	地若不愛酒
땅에 응당 주천酒泉이 없으리.	地應無酒泉
천지天地가 이미 애주愛酒를 하니	天地旣愛酒
애주愛酒는 하늘을 부끄릴 것 없다.	愛酒不愧天
맑기 성聖에 비比함을 들었고	已聞淸比聖
흐리기 현賢과 같기도 하다.	復道濁如賢
현성賢聖이 이미 마시었나니	賢聖旣已飮
구태여 신선神仙을 구하랴.	何必求神仙
세 잔에 대도大道를 통하고	三杯通大道
한 말에 자연自然과 합한다.	一斗合自然
다만 술 속의 멋을 얻어	但得酒中趣
술을 깬 이겐 전하지 마라.	勿爲醒者傳

곡선성선양기수哭宣城善釀紀叟

기수紀叟가 황천黃泉 속에 紀叟黃泉裏
도로 노춘老春을 비치리. 還應釀老春

야대夜臺에 이백李白이 없으니 夜臺無李白
술을 사다 누를 주료. 沽酒與何人

▷ 노춘(老春)은 기수(紀叟)가 비치든 술 이름.

기동노이치자寄東魯二稚子

오지吳地애 뽕닢이 푸르고　　吳地桑葉綠
누에는 이미 세 잠을 잤다.　　吳蠶已三眠
내, 집을 동로東魯애 두었는데　　我家寄東魯
누가 구음전龜陰田을 갈었으리오.　　誰種龜陰田
봄 일은 미칠 수 없고　　春事已不及
가기는 망연茫然도 하다.　　江行復茫然
남풍南風이 돌아가는 맘을 불어　　南風吹歸心
주루酒樓 앞에 날려 떠러트린다.　　飛墮酒樓前
누樓의 동東편 복숭아 한 주株　　樓東一株桃
지엽枝葉은 청연靑煙에 떨치리라.　　枝葉拂靑煙
내, 이 나무를 심고　　此樹我所種
떠나온 지 삼 년三年이다.　　別來向三年
이 나무는 누樓와 가조롱 해도　　桃今與樓齊
나는 오히려 가지 못 한다.　　我行尙未旋
딸년은 자字히 평양平陽　　嬌女字平陽
꽃 꺾어 복숭아나무에 지혀　　折花倚桃邊
꺾은 꽃 나를 못 뵈고　　折花不見我
눈물이 물 솟듯 하리.　　淚下如流泉
노마는 이름이 백금伯禽　　小兒名伯禽
누의와 어깨가 가조롱하여　　與姊亦齊肩
이 나무 아래로 쌍져 단여도　　雙行桃樹下

등을 어루만져 뉘 이뻐 하리. 撫背復誰憐
이, 도리 잃음을 생각하면 念此失次第
창자가 날로 졸아 든다. 肝腸日憂煎
비단 찌져 의오론 뜻을 그려 裂素寫遠意
이를 문양천汶陽川에 부치노라. 因之汶陽川

▷ 주루(酒樓)는 이백(李白)의 집 옆에 있든 임성현조주루(任城縣造酒樓).

여산요기로시어허주 廬山謠寄盧侍御虛舟

내, 본시 초楚ㅅ나라 미친 사람으로	我本楚狂人
봉가鳳歌를 부르고 공구孔丘를 웃노라.	鳳歌笑孔丘
손에는 녹옥장綠玉杖을 들고	手持綠玉杖
아침에 황학루黃鶴樓를 떠나	朝別黃鶴樓
오악五嶽으로 신산神山을 찾어 머다 않고	五嶽尋仙不辭遠
일생一生에 명산名山 들어 놀기를 즐기더니	一生好入名山遊
여산廬山이 우둑 남두南斗 옆에 솟아	廬山秀出南斗傍
병풍屛風 구첩九疊에 운금雲錦을 버리고	屛風九疊雲錦張
그림자 명호明湖애 더져 청대靑黛 빛나고	影落明湖靑黛光
금궐金闕은 앞에 열려 봉 하나 길다.	金闕前開二峯長
은하銀河는 꺼꾸로 삼석량三石梁에 매달리고	銀河倒掛三石梁
향로香爐와 폭포瀑布는 멀리 서로 보인다.	香爐瀑布遙相望
도는 낭, 검친 봉은 하늘을 넘보고	廻崖沓嶂凌蒼蒼
붉은 놀, 푸른 그림자 아침 별에 어리고	翠影紅霞映朝日
오천吳天은 길어 나는 새라도 이를 수 없다.	鳥飛不到吳天長
높이 올라 천지天地를 둘러보니	登高壯觀天地間
대강大江은 망망茫茫히 가서 오지 못 하고	大江茫茫去不還
황운黃雲 만 리萬里에 바람은 움즉이고	黃雲萬里動風色
백파白波 구도九道에 설산雪山은 흐른다.	白波九道流雪山
여산廬山노래를 조히 부르고	好爲廬山謠
여산廬山으로 홍도 인다.	興因廬山發

한가히 석경石鏡을 엿보아 마음을 맑히자.	閑窺石鏡淸我心
사공謝公의 자최도 푸른 이끼에 메었다.	謝公行處蒼苔沒
일즉 환단還丹을 먹고 세상世上 뜻이 없어	早服還丹無世情
금심琴心 삼첩三疊에 도道를 처음 이루고	琴心三疊道初成
멀리 선인仙人을 채운綵雲 속에 보고	遙見仙人綵雲裏
손에 부용芙蓉을 잡고 옥경玉京에 뵈려니	手把芙蓉朝玉京
먼여 한만汗漫히 구해九垓 우에 기약期約을 두고	先期汗漫九垓上
노오盧敖를 맞나 태청太淸에 놀기 원하노라	願接盧敖遊太淸

▷ 초광인(楚狂人)은 접여(接輿)라는 이. 공자(孔子)를 보고 「봉혜봉혜하덕지쇠(鳳兮鳳兮何德之衰)」라는 노래를 불렀다.

공구(孔丘)는 공자(孔子), 오악(五嶽)은 중악숭산(中嶽嵩山), 동악(東嶽) 태산(泰山), 서악(西嶽) 화산(華山), 남악(南嶽) 형산(衡山), 북악(北嶽) 항산(恒山).

구첩(九疊)은 여산(廬山)이 구첩(九疊)으로 된 것.

삼석량(三石梁)은 여산(廬山)에 있는 암석(岩石).

사공(謝公)은 사령운(謝靈運)이란 이, 여산절정(廬山絶頂)에 올라 시(詩)를 지었다.

환단(還丹)은 기질(氣質)을 변화(變化)시키는 선약(仙藥).

구해(九垓)는 구천(九天),

노오(盧敖)는 고대(古代)의 도인(道人).

태청(太淸)은 삼청(三淸)의 하나 신선(神仙) 사는 곳.

송은숙送殷淑

등은 푸르고 달도 찬듸	痛飮龍筇下
용공龍筇 아래 흠뻑 마시다.	燈青月復寒
취한 노래에 백로白鷺는 놀래여	醉歌驚白鷺
한밤ㅅ중 모래 여울을 나른다.	半夜起沙灘

독좌경정산獨坐敬亭山

새들도 다 날어가고	衆鳥高飛盡
구름도 외로 가고	孤雲獨去閑
서로 보아도 싫지 안 하긴	相看兩不厭
경정산敬亭山뿐이로고.	只有敬亭山

억동산憶東山

동산東山을 간지 오래다	不向東山久
장미薔薇는 몇 번이나 피고	薔薇幾度花
구름은 도로 흩어지고	白雲還自散
달은 뉘 집에 지는고.	明月落誰家

장진주將進酒

그대, 못 보는다. 황하黃河ㅅ물이 하늘서 와 君不見黃河之水天上來
흘러 달어 바다에 가면 다시 오지 못 함을. 奔流到海不復回
그대, 못 보는다. 고당高堂 명경明鏡에 스러운 백발白髮
君不見高堂明鏡悲白髮
아침에는 청실같다 저녁에는 눈이 됨을. 朝如青絲暮成雪
인생人生이 뜻 얻거든 실컷 질겨 보고 人生得意須盡歡
금준金樽으로 부지럽시 달만 비치게 마라. 莫使金樽空對月
하늘이 날 삼기시매 꼭 쓰임이 있나니 天生我材必有用
천금千金이 흩어지면 또다시 돌아온다. 千金散盡還復來
양羊 삼고 소 잡고 또 질겨 烹羊宰牛且爲樂
한 번에 응당 삼백 배三百杯를 마시리. 會須一飮三百杯
잠부자岑夫子야. 岑夫子
단구생丹丘生아. 丹丘生
술 부어 드려라. 將進酒
그대, 멈추지 마라. 君莫停
그대 더불어 노래 한 곡조 부르리니 與君歌一曲
그대는 날 위해 귀를 기울이라. 請君爲我傾耳聽
종고鍾鼓와 찬옥饌玉이 귀할 것 없다. 鍾鼓饌玉不足貴
다만 취하여 깨지 않음을 원하노라. 但願長醉不願醒
고래古來 성현聖賢이 다 적막寂寞하되 古來聖賢皆寂寞
술을 먹는 이는 이름을 머물린다. 惟有飮者留其名
진왕陳王 옛날, 평락平樂에 잔치할 때 陳王昔時宴平樂

두주斗酒 십천十千으로 환학歡謔을 겨뤘다.	斗酒十千恣歡謔
주인主人은 어이 돈이 적다 하노.	主人何爲言少錢
바루 사다 거우르자.	徑須沽取對君酌
오화마五花馬와	五花馬
천금구千金裘를	千金裘
아희 불러 내어다 좋은 술과 바꿔	呼兒將出換美酒
그대와 함께 모든 시름을 석이리라.	與爾同銷萬古愁

▷ 잠부자(岑夫子)는 잠삼(岑參).
단구생(丹丘生)은 원단구(元丹丘), 다 이백(李白)의 친우(親友), 진왕(陳王)은 조자건(曹子建),
평락(平樂)은 집 이름.

장간행長干行

내, 머리 이마를 덮을 때	妾髮初覆額
꽃 꺾어 문 앞에 놀고	折花門前劇
당신은 죽마竹馬를 타고 와	郎騎竹馬來
상牀에 돌며 청매靑梅를 희롱하고	遶牀弄靑梅
함께 장간리長干里에서 자라	同居長干里
서로 어려 숭허물 없더니	兩小無嫌猜
열넷에 당신 안해 되어	十四爲君婦
수줍어 얼굴을 드지 못 하고	羞顏未嘗開
머리 숙여 벽을 향하여	低頭向暗壁
아무리 불러도 돌아보지 않고	千喚不一廻
열다섯에 겨우 눈섭을 펴고	十五始展眉
가치 죽자 살자 하고	願同塵與灰
포주신抱柱信을 구지 지켜	常存抱柱信
망부대望夫臺에 오를 줄이야 알었으료.	豈上望夫臺
열여섯에 당신은 멀리 가매	十六君遠行
구당瞿塘 염여퇴灩澦堆를	瞿塘灩澦堆
오월五月에 다지를 수 없고	五月不可觸
잣나븨 소리는 하늘 우에 스러우리.	猿聲天上哀
문門 앞의 더디든 발자옥엔	門前遲行跡
날날이 퍼린 이끼가 돋아	一一生綠苔
이끼 짙어 쓸을 수 없고	苔深不能掃

지는 닢 가을 바람도 빠르기도 하지. 落葉秋風早
팔월八月에 나비는 와서 八月蝴蝶來
쌍쌍히 서西편 동산으로 나르오. 雙飛西園草
느낍고 서글픈 이내 마음 感此傷妾心
곱든 얼굴 바스러짐을 슬허하오. 坐愁紅顔老
쉬히 삼파三巴로 나리시어 早晚下三巴
글월로 미리 알려주오. 預將書報家
서로 맞음을 머다 하리오. 相迎不道遠
바루 장풍사長風沙로 이르오리. 直至長風沙

▷ 포주신(抱柱信)은 옛날 미생(尾生)이란 이가 어느 여자(女子)와 다리 밑에서 맞나기로 하고 가 기다리는데 그 여자(女子)는 안 오고 물이 밀어오는데도 아니 가고 그 기동을 안고 죽었다는 것.

염여퇴(灩澦堆)는 사용태절현구당협구(四用泰節縣瞿塘峡口)에 있는 이십여장(二十餘丈)되는 고석(孤石)인데, 겨울에는 이 돌이 들어나고 여름에는 물에 무처 사오월(四五月) 무렵에는 예를 단이기 퍽 위험(危險)하고, 이곳이 촉(蜀)의 삼협중(三峡中) 가장 준급(峻急)한 곳이라 함.

장풍사(長風沙)는 강행지명(江行地名).

고랑월행古郎月行

이럴 때 달을 보고	小時不識月
백옥반白玉盤이라 하고	呼作白玉盤
또는 요대경瑤臺鏡이	又疑瑤臺鏡
날이 힌 구름 끝에 있고	飛在白雲端
선인仙人은 두 발을 드리우고	仙人垂兩足
계수桂樹는 두렷이 되고	桂樹何團團
옥토끼는 약藥을 찧어	白兎擣藥成
누를 먹이는가 하였노니	問言與誰餐
두꺼비 원영圓影을 파먹고	蟾蜍蝕圓影
대명大明이 잠이 잦었다.	大明夜已殘
예羿는 옛날 구오九烏를 떠러치어	羿昔落九烏
천인天人이 맑고 편안하였다.	天人淸且安
음정陰精이 흐려버려	陰精此淪惑
가지록 보잘 것 없다.	去去不足觀
시름이 그 어떠하리.	憂來其如何
서글피 심간心肝을 꺾는다.	淒愴摧心肝

▷ 섬서(蟾蜍)는 속전(俗傳) 달 속에 있다 함 대명(大明)은 해.
羿(예)는 고대(古代)에 활 잘 쏘든 이. 고인(古人)이 태양(太陽)을 금오(金烏)라고 하는 바, 요(堯)님금 때 해가 열이나 되든 걸 예(羿)를 시겨 그 아홉을 쏘았다 함.
음정(陰精)은 달.
이 시(詩)는 일월(日月)을 왕(王)과 왕비(王妃)로 비(比)하여 안록산(安祿山)의 반란

(叛亂)이 귀비(貴妃)로 하여 남을 말한 것인바, 그때 당현종(唐玄宗)이 양귀비(楊貴妃)를 총애(寵愛)한 바, 귀비(貴妃)가 또 안록산(安祿山)과 정(情)을 트고 드디어 안록산(安祿山)이가 반란(叛亂)하매 현종(玄宗)이 촉(蜀)으로 피란(避亂)을 가다 마외(馬嵬)에 이르러 군사(軍士)들이 소동(騷動)하므로 부득이 귀비(貴妃)를 죽였으니, 「섬서식원영(蟾蜍蝕圓影), 대명야사잔(大明夜巳殘)」은 이걸 이름이오, 「예석락구오(羿昔落九烏), 천인청차안(天人淸且安)」은 「천무이일(天無二日), 민무이왕(民無二王)」의 뜻으로, 그때 안록산(安祿山)을 죽이지 못 함을 이름이오, 「음정차륜혹(陰精此淪惑), 거거부족관(去去不足觀)」은 양귀비(楊貴妃)의 음란(淫亂)으로 그런 화란(禍亂)이 생겼다는 걸 이름이라 한다.

등태백登太白

서西으로 태백봉太白峯을	西上太白峯
해를 지워 긔어 오르다.	夕陽窮登攀
태백太白이 날다려 말하고	太白與我語
날 위해 천관天關을 연다.	爲我開天關
냉풍冷風을 타고 가서	願乘泠風去
뜬 구름 사이로 나고 싶다.	直出浮雲間
손을 들면 달에 담즉하고	擧手可近月
앞으로 가면 산山이 없을 것 같다.	前行若無山
이번 무공武功을 떠나가면	一別武功去
언제 다시 돌아 올꼬.	何時復更還

▷ 무공(武功)은 태백산(太白山)의 한 수결(秀傑)한 봉(峯).

북상행北上行

북상北上은 어인 고로움인고.	北上何所苦
북상北上은 태행太行으로 간다.	北上緣太行
돌길은 서리고 강파롭고	磴道盤且峻
솟은 바위는 하늘에 찌른다.	巉岩淩穹蒼
돌비알에 지치는 말ㅅ굽	馬足蹶側石
날ㅅ등에 꺾이는 수레	車輪摧高岡
사진沙塵은 유주幽州에 닿고	沙塵接幽州
봉화烽火는 삭방朔方에 이어	烽火連朔方
살기殺氣는 검극劍戟에 차고	殺氣毒劍戟
피바람은 옷을 찢다.	嚴風裂衣裳
황하黃河에는 고래가 닫고	奔鯨夾黃河
낙양洛陽에 착치鑿齒가 둔쳤는데	鑿齒屯洛陽
가면 돌아올 날 없고	前行無歸日
고향은 더욱 그립다.	返顧思舊鄉
눈과 얼음 속에	慘慼冰雪裏
구슬픠 부르짖노니	悲號絕中腸
몸에는 베 한 쪽 못 부치고	尺布不掩體
야윈 살은 저릅대보다 더하다	皮膚劇枯桑
물을 길랴니 물ㅅ골이 막히고	汲水澗谷阻
나무를 하자니 벌판이 멀고	採薪隴坂長
범은 또 꼬리를 흔들며	猛虎又掉尾

들어내는 아금니는 서리도곤 히다.	磨牙皓秋霜
푸나무는 먹을 수 없으니	草木不可餐
듯는 이슬 물이나 마시고	飢飲零露漿
이 북상北上의 괴로움을 탄식코	歎此北山苦
말을 멈춰 슬허 하노니	停驂爲之傷
어느 날이나 왕도王道가 평하여	何日王道平
웃음을 띠고 하늘을 보리오.	開顔覩天光

▷ 태행(太行)은 산명(山名). 착치(鑿齒)는 사람 잡어 먹는 짐승, 그때 안록산(安祿山)을 가리침.

2. 杜詩選

朴鐘和 譯註

두자미전杜子美傳

두자미杜子美는 두보杜甫의 자字니 본시本是 양양襄陽 사람으로 후後에 하남河南 공현鞏縣에 옌기여 살다. 증조曾祖 의예依藝는 공령鞏令으로 죽고 조부祖父 두심언杜審言은 역시亦是 이름 높은 시인詩人으로 선부膳部 원외랑員外郎이엿다. 부父 한閑은 봉천령奉天令이엿으며 보甫는 천보초天寶初에 진사進仕에 응시應試하여 낙방落榜하고 천보말天寶末에 삼대예부三大禮賦를 당현종唐玄宗에게 헌상獻上하니 현종玄宗이 불러보고 문장文章을 시험試驗한 후后에 기재奇才라 하여 경조부병京兆府兵 조참군曹參軍을 주다. 안록산安祿山이 란亂을 일으켜 경사京師를 함락陷落하니 숙종肅宗이 영무靈武에서 병사兵士를 징徵하는지라 보甫ㅣ 밤에 경사京師에서 도망逃亡하여 하서河西로 달녀 팽원彭原에 숙종肅宗을 보이니 유습유有拾遺 벼슬을 배拜하다.

방관房琯과 포의布衣로 있을 때 일즉이 보甫와 조와 하더니, 때에 방관房琯의 벼슬이 재상宰相이라 스사로 군사軍士를 거느려 적병賊兵 치기를 청請하니, 숙종肅宗이 이를 허락許諾하였스나 십월十月에 방관房琯의 병兵이 불행不幸이 진도사陳濤斜에게 패敗하고 동정란董廷蘭의 일로 수상首相을 파토罷兎하니, 두보杜甫ㅣ 상소上疏하여 방관房琯을 비호庇護하다가 숙종肅宗의 노怒함을 입어, 보甫를 화주華州의 사공司功

참군參軍으로 좌천左遷하니 때에 관보關輔ㅣ 크게 흉년凶年 든지라, 보甫ㅣ 성주成州 동곡현同谷縣에 우거寓居하여 스스로 부신채송負薪採松하여 아녀兒女의 아표餓殍한 자者ㅣ 두어 사람이나 있었다.

팔자 기구崎嶇한 두보杜甫는 다시 검남劍南에 유락流落하고 성도成都 서곽西郭에 오막사리 초옥草屋을 일우었다가, 다시 불너 경조공京兆功조참군曹參軍에 보輔하였다. 그러나 가지 못하고 상원上元 이년二年 겨울에 황문시랑黃門侍郎 엄무嚴武가 성도成都에 절도사節度使가 되니, 엄무嚴武는 두보杜甫와 세교世交가 두터운 사람이라, 나라에 아뢰여 절도참모검교상서節度參謀檢校尙書 공부工部 원외랑員外郎을 식히고 경어대耕魚袋를 하사下賜하게 하니, 극極히 대우待遇가 융숭隆崇한 것이였다.

그러나 두보杜甫의 성미性味 조급躁急하고 방자放恣하여 엄무嚴武의 사의思義를 믿고 취醉하여 무武의 상牀에 올라 무武를 똑빠로 처다보며 「엄정지嚴挺之란 놈이 이런 아들을 다 두었구나」 하니 엄정지嚴挺之란 무武의 아버지의 이름이라 만좌해연滿座駭然하되 무武는 역시 성급性急한 사람이나 허물치 안이 하더라.

보甫ㅣ 성도成都 완화리浣花里에 대를 심고 심강沈江에 초려草廬를 지어 종주縱酒 수영繡詠하여 전부야로田夫野老와 추축탕압追逐蕩狎하여 조곰도 구애拘碍함이 없고, 상관上官 엄무嚴武ㅣ 이르나 탈건脫巾으로 오연傲然이 만나니 보甫는 실로 시인詩人이요 벼슬아치 아닐러라.

영춘永春 원년元年에 엄무嚴武ㅣ 죽으니 주인主人을 일은 두보杜甫는 갈 곳이 없고 새로온 절도사節度使 고영부高英父는 무인武人이라 추포麤暴하니 두보杜甫는 동촉東蜀으로 가서 고적高適을 의지依支했다가, 적適이 또한 죽고 촉중蜀中이 대란大亂하매 보甫ㅣ 집안 식구食口를 끌고 형초荊楚로 피避하려 하여 편주扁舟로 협峽을 내려가 배를 끌려 매기도 전前에 강릉江陵이 또 다시 어즈러우니, 상류湘流를 기연沂沿하여 충산衡山에 올으고 인因하야 뇌양耒陽에 객客이 되어 악묘岳廟에 놀다가 폭수暴水로 인因하여 길이 맥히여 순일旬日을 어더 먹지 못 하엿다. 뇌양현령耒陽縣令이 이것을 알고 배를 보내 영접迎接해 돌아와 백주白酒와 우육牛肉으로 관대款待하니, 두보杜甫 주린 남어지에 흠뻑 마시고 먹다가 대취大醉하여 죽으니, 이것이 영태永泰 이년二年 일이라. 때에 나이 오십구五十九러라.

아들 종무宗武는 호상湖湘 새이에 유락流落하여 일즉 죽고, 종무宗武의 아들 사업嗣業이 뇌양耒陽에서 보甫의 관구棺柩를 읜기여 언사偃師의 서북西北 수양首陽 산전山前에 귀장歸葬하다.

천보말天寶末의 시인詩人으로 이백李白과 더불어 일흠을 날려 때의 사람들이 이李, 두杜라 일으다.

후대後代의 시인詩人 원진元稹이 두보杜甫를 평評하여 말하되, 위으론 풍아風雅를 육박肉薄하고 아레론 심전기沈佺期 송지간宋之間을 겸兼하고, 말은 소무蘇武 이릉李陵을 빼앗고, 기氣는 조식曹植 유정劉楨을 삼키고, 안연년顔延年 사령운謝靈運의 고고孤高를 가리우고, 서릉徐陵 유신庾信의 유려流麗까지 섞이여, 모두 다 옛 사람의 체세體勢를 어덧스며, 지금 사람의 독전獨專을 겸兼하였나니, 만일 중니仲尼 하여금 그 요지要旨를 하련鍛鍊한다면 오이려 그 만은 것을 도모할는지 몰을 것이라, 시인詩人 이래已來에 아직 자미子美 같은 이 없다 하다.

• 칠언절구七言絶句

괵국부인虢國夫人

어여쁜 괵국 부인 님 사랑 모시여　　虢國夫人承主恩
말 타고 일은 아츰 대궐로 들다.　　平明上馬入宮門

분 바르면 고은 얼굴 때 끼울까 두려워　　卻嫌脂粉涴顔色
살폿이 눈섭만 짓고 상감께 절 들이다.　　淡掃蛾眉朝至尊

▷ 주(註) 괵국부인(虢國夫人): 양귀비(楊貴妃)의 동생 삼형제(三兄弟) 있으니 맞은 괵국부인(虢國夫人)이오, 둘재는 한국부인(韓國夫人)이오, 셋재는 진국부인(秦國夫人)으로, 모다 당명황(唐明皇)의 은총(恩寵)을 바더 궁정(宮庭)에 출입(出入)하다.

절구 일수絶句一首

파릇한 버들가지엔	兩個黃鸝鳴翠柳
누른 꾀꼬리 두어 마리가 울고 앉었오.	一行白鷺上青天
푸른 하늘엔	窓含西嶺千秋雪
하이얀 갈매기 한 떼가 날으오.	門泊東吳萬裏船
서령西嶺 길길이 싸인 눈은 창窓속으로 기어들고	
오吳ㅅ나라 멀니 온 배는 문門 앞에 대여졌오.	

▷ 주(註) 서령(西嶺): 성도(成都)의 서산(西山) 준령(峻嶺)인데, 사시(四時)에 적설(赤雪)이 녹지 안는다.

만성 일수漫成一首

바람에 흔들리는 희미한 등불
고즈넉이 밤빛 깊어 이슥하고,
앞에 뵈는 금물결, 강江물에 뜬 달
팔 버리면 잡어서 낙굴 듯하다.

江月去人只數尺
風燈照夜欲三更

모래 틈엔 몽실몽실
해오랍이 조을고,
배 꼬리엔 기운차다
고기 뛰는 소릴세.

沙頭宿鷺聯拳靜
船尾跳魚撥剌鳴

만흥 구수漫興九首

그대 시름 보고도 시름 깨지 못 해서
덧없는 봄빛만이 정자亭子에 왔오.
어여쁜 꽃 보고서 마음 부칠 새도 없이
한恨스럽다 꾀꼬리 소리 얄미웁구려.

眼見客愁愁不醒
無賴春色到江亭
卽遣花開深造次
便覺鶯語太丁寧

복사나무 오얏꽃 주인 누구요.
저기 지 담 얕은 집 늙은이라우.
간밤에 봄바람이 시새음하야
두어 가지 꽃떨기를 꺾어 버렸오.

手種桃李非無主
野老墻低還似家
恰似春風相欺得
夜來吹折數枝花

우리 집 여튼 것을 곳잘 아는 제비는
강江가에서 자주자주 차저오더라.
요눔에 얄구진 제비 한 쌍
진흙물을 검은고와 책에 떨구고
가끔 벌레 잡어 사람에게 던지네.

熟知茅齋絕低小
江上燕子故來頻
銜泥點汙琴書內
更接飛虫打著人

이월도 어정버정 삼월이 왔네.
늙어 드는 봄맞이 몇 번이나 있으리.
몸 밖에 첩첩 시름 근심을 말나
생전에 한 있는 잔이나 잡소.

二月已破三月來
漸老逢春能幾回
莫思身外無窮事
且盡生前有限杯

집행이 끌다 놓고 강가에 우둑 서니
애끈여라 늦겨워라 봄물 구비 구비친 곳,
어지리운 버들개지 눈인 듯 흐터지고
한들한들 복사꽃 물만 딸어 흐른다.

腸斷春江欲盡頭
杖藜徐步立芳洲
顚狂柳絮隨風去
輕薄桃花逐水流

게으름 간울 수 없어 마실도 안이 가고
아이 불너 삽작신칙 다시 한번 당부한다.
푸른 잇기 탁백이에 숲 속은 고요하고
봄바람 맑은 물에 들녘은 으스름, 황혼이 된다.

懶慢無堪不出村
呼兒日在掩柴門
蒼苔濁酒林中靜
碧水春風野外昏

길에 뿌린 버들꽃 힌 전을 깔은 듯
물에 뜬 연닢은 푸른 돈 같다.
대 뿌리에 숨은 꿩 보는 이 없고
모래톱에 오리색기 어미 곁에 조으네.

糝徑楊花鋪白氈
點溪荷葉疊青錢
笋根稚子無人見
沙上鳧雛傍母眠

어느 듯 뽕 잎사귀 보드러워, 딸 만하고
푸른 보리 한들한들 고웁게도 간을다.
덧없다, 사람도 매양 봄이랴.
향그르운 술 한 잔 안 마시고 어이리.

舍西柔桑葉可拈
江上細麥復纖纖
人生幾何春已夏
不放香醪如蜜甜

울 너머 수양버들 느려진 가지는
열다숫 큰 애기의 허리 춤 같더니
휘불어 날닌 사나운 바람이
그 중 긴 멋진 가질 꺾어 버렸소.

隔戶楊柳弱嫋嫋
恰似十五女兒腰
誰謂朝來不作意
狂風挽斷最長條

해민 십이수 중解悶十二首中

고향을 떠난 지 열 번재 가을	一辭故國十經秋
가을마다 오이 보면 고향 그립네.	每見秋瓜憶故丘
오늘날 남호南湖에 고사리 캐니	今日南湖采薇蕨
날 위해 정과주鄭瓜州를 누가 차지리.	何人爲覓鄭瓜州

▷ 주(註) 정과주(鄭瓜州): 정심(鄭審)이란 사람이 과주(瓜州)를 가지니 시인(詩人) 정과주(鄭瓜州) 라 부르다.

절구 삼수絶句三首

폭은한 봄 날시에 흰날은 길다.
산뜻한 물과 산, 그린 듯이 더욱 곱고
한들한들 봄바람에, 꽃과 풀 향기롭네.
녹으라진 진흙밭엔 나는 제비 재절대고
모래알 따수하니, 원앙鴛鴦 한 쌍은 의좋게 존다.

遲日江山麗
春風花草香
泥融飛燕子
沙暖睡鴛鴦

새파란 강물엔 물새 빛 더욱 희고
우줄우줄 산山 푸르니 진달네는 타는 듯하이.
이 한 봄, 시름없이 또 흘려 보내나.
다시 어느 날이나 돌아 간다늬.

江碧鳥逾白
山青花欲燃
今春看又過
何日是歸年

봄은 또 왔건만, 만 리萬里 박 손은
어느 때나 난리 끗나 돌아 갈꺼냐.
기럭이 외기럭이 울부짓는 외기럭이
우줄우줄 북北편으로 날어가는 외기럭이
구슲어라 애끈여라 마음 앞으다.

春來萬裏客
亂定幾年歸
腸斷江城雁
高高向北飛

절구絶句

푸른 풀 강변江邊에 밟어 답청踏靑 놉이 돌아오다.	江邊踏靑罷
고개 돌녀 선뜻 보니 군사의 깃발	廻首見旌旗
점으른 봄 성城엔 바람만이 드높구야	風起春城暮
오오, 구슮어라. 처량한 나팔 소리.	高樓鼓角悲

절구 육수絶句六首

붉으레 둥근 해 울 넘어 뜨고　　日出籬東水
피여 오르는 흰 구름 언덕에 이네.　　雲生舍北泥
파득파득 우는 대ㅅ닢, 비취翡翠같구나.　　竹高鳴翡翠
한가한 모래틈엔 물새만 운다.　　沙僻舞鵾雞

도지개만 틀니네, 봄 탓이로다.　　藹藹花蘂亂
꽃술은 향기려워 꿀벌만 부르니　　飛飛蜂蝶多
나렷한 내 게으름,　　幽棲身懶動
남이 볼까 두렵네.　　客至欲何如

소낙비 한 줄기에 또랑이 벅차고　　急雨梢溪足
석양夕陽, 지는 해는 반 넘어 가지에 걸리다.　　斜暉轉樹腰
어엽부다, 한 쌍 꾀고리 보금이에 앉어 또랏거리고　　隔巢黃鳥竝
흰 고기, 연못 속에 마름풀을 박찬다.　　翻藻白魚跳

우물 물 흐리니 종려棕櫚잎 덮고　　鑿井交椶葉
개천을 파서 대 뿌리 잘은다.　　開渠斷竹根
조고만 배 띠워 흔들한들 저어가니　　扁舟輕裊纜
재미롭다, 구븐 길은 마실이로세.　　小逕曲通村

새파란 대순 토벽土壁을 뚫코 舍下笋穿壁
구불구불 등나무 정자亭子 추녀 휘감엇네. 亭前藤刺簷
별살 포근이 개인 마당엔 地晴絲冉冉
등藤넌출 실실이 너울거리고 江白草纖纖
희멀금 띄가튼 힌 江 언덕엔
새 속닢 잔디풀만 연연하구나.

강물이 출렁대니 江動月移石
달빛, 아롱아롱 돌로 읜기고 溪虛雲傍花
시내물 비인 양해 鳥棲知故道
흰 구름 몽실몽실 꽂결에 일다. 帆過宿誰家
나는 새 점으러도 옛집을 찾는다.
돌아오는 저 배야 뉘게서 묵나.

절구 삼수絶句三首

들으니 파산巴山 속은	聞道巴山裏
봄 배 가기 정 좋다네.	春船正好行
흠뻑, 으슬으슬 홍을 껴안고	都將百年興
한번 구강성九江城을 바라볼꺼나.	一望九江城
물 출렁 바위 많은 온강溫江어귀는	水檻溫江口
묘당茆堂골 석순石笋말 서편이라네.	茆堂石笋西
선주先主 사당 앞에 배 흘녀매고	移船先主廟
약풀을 완사계浣沙溪에 씻어 보랸다.	洗藥浣沙溪
부지럽시 봄 좋타, 일으지 마소.	漫道春來好
회호리 바람이 한 번 불면은	狂風大放顚
곻은 꽃 흣날려 물에 흐터 보내고	吹花隨水去
한가로운 낙시 배도 뒤업는다데.	飜却釣魚船

▷ 주(註) 선주(先主): 촉서(蜀西) 유비(劉備).

복수 십이수復愁十二首

사람 살기 궁벽한 곳 연기조차 간을다. 人烟生處僻
호랑이 발자국, 새로 지낸 발자국 虎跡過新蹄
푸드득 풀 헤치는 새매의 눈알, 흐들갑스럽다 날카로웁네
野鶻翻窺草
힘들어라 — 거슬려 올으는 마실 배 한 척. 村船逆上溪

낙시질 배는 얼네를 감고 釣艇收緡盡
저녁 까치는 날지도 안네. 昏鴉接翅稀
상현上弦달 맵시 부채 같은데 月生初學扇
구름은 간을어 찌저진 치말[裳]세. 雲細不成衣

왼 나라는 아직도 싸움 萬國尚防寇
고향 안부가 그리웁구나. 故國今若何
지난 옛날도 날 알 이 적은데 昔歸相識少
허물며 란리 지난 오늘 날이리. 早已戰場多

새삼스레 돌아보니 내 몸은 벼슬아치 身覺省郎在
농사나 지으려 돌아갈꺼나. 家須農事歸
거칠어라 길길이 풀숩에 싸인 길 年深荒草徑
늙어서 집 한 간도 없을까보다. 老恐失柴扉

황금실로 살촉을 아로색이고　　金絲鏤箭鏃
조색皁色 꼬리 단 기때 호기러우나　　皁尾製旗竿
한 번 바람 티끌 일어나면은　　一自風塵起
행로난行路難 갈가기 구슯으구나.　　猶嗟行路難

정관貞觀 때 구리 활 쇠뇌　　貞觀銅牙弩
개원開元 시절 활 어루는 금수벽장錦獸擘張　　開元錦獸張
회흘군문回紇軍門의 좋은 화살도　　花門小箭好
이 물건 한심타 모래 사장에 버리여젓네.　　此物棄沙場

오랑캐 웨이리 강성하드니,　　胡虜何曾盛
창과 방패 노코서 사이 업네.　　干戈不肯休
귀 기우려 들으면 동리 애들도　　閭閻聽小子
공 일워 벼슬한다 짓거려 웃네.　　談話覓封侯

강물은 벌서 가을 빛인데　　江上亦秋色
불 구름은 아직도 떠나지 안네.　　火雲終不移
무산巫山엔 단풍丹楓이 타는 듯한데　　巫山猶錦樹
남국南國엔 꾀꼴이 소리 어엽부구나.　　南國且黃鸝

강회江淮의 곡식 가져　　任轉江淮粟
원유병苑囿兵만 기르지 마소.　　休添苑囿兵
범가튼 영특한 군사는　　由來貔虎士
서울 봉황성鳳凰城에 차지 안었네.　　不滿鳳凰城

시름했네 도연명陶淵明　　每恨陶彭澤
돈 없이 국화菊花 본 걸,　　無錢對菊花
이제, 구월 구일九月九日 당하고 보니　　如今九日至
나로 마시느니 외상 술인 걸.　　自覺酒須賖

병이 겨우 나은 듯하니 가詩 대신 졸拙하구야.　　病減詩仍拙
코 노래 불러 웅얼대니 글 뜻만은 치렁하다.　　吟多意有餘
강총江摠 따위야 아랑곳 잇느냐.　　莫看江摠老
나홀로 시어상時魚賞 줄 홍은 가졋소.　　猶被賞時魚

▷ 주(註) 강총(江摠): 인명(人名) 진후주(陳後主)의 압객(狎客). 진(陳)이 망(亡)함애 수(隨)에 벼슬하다. 시어(時魚): 두보(杜甫) 공부(工部) 검교(檢校)로 있을 때 주불은어(朱紱銀魚)를 상(賞)주다.

유자遊子

파촉巴蜀 시름을 누구더러 말하릿가.	巴蜀愁誰語
오문吳門땅 흥취도 아득히 스러젓소.	吳門興杳然
구강九江은 비스듬이 풀박게 흘러가고	九江春草外
삼협三峽은 우줄거려 저녁 배 앞에 섯네.	三峽暮帆前
성도成都로 나아가 살기도 실으이.	厭就成都卜
고만 두자 이부면吏部眠 술타령도.	休爲吏部眠
봉내산을 갈 수만 있다면	蓬萊如可到
신선 들이나 차저 보랸다.	衰白問羣仙

▷ 주(註) 이부면(吏部眠): 진(晉)나라 엽탁(畢卓)이 일즉이 이부랑(吏部郞)이 되엿슬 때 닌사(隣舍)에서 이부소용(吏部所用)의 술을 비저 두였다. 엽탁(畢卓)이 취(醉)하여 밤에 술독을 찾어가 흠뻑 마시다가 대취(大醉)하여 정신(精神)을 일코 조으니 낭리(郞吏) 잘못 도적(盜賊)으로 알고 묶거 가두었다가 명조(明朝)에 보니 이부랑(吏部郞)이라 하리황경(下吏惶驚)하야 어찌할 줄을 모르다.

자랑주영처자극부촉산행 삼수
自閬州領妻子郤赴蜀山行三首

밧부다 도적 피해
어느 듯 십 년十年.
남녁 나란 원대로 가지 못 하고
또 다시 도라 드니 서천西川 길일세.
헛되어라. 일과 일 물과 같구나.
녹스른 내 혼이여 산처럼 쓸쓸타.
한 평생 부즈럽다 자리도 못 잡고
길거리 시름으로
집안 식구 떠돈다.

汩汩避羣盜
悠悠經十年
不成向南國
復作遊西川
物役水虛照
魂傷山寂然
我生無倚著
盡室畏途邊

바람에 숲풀 눕듯 내 마음도 어지럽다.
소매 짜락엔 푸른 안개 싸돌고
풀 뜨더 입에 문 말 소리치며 울부진다.
사다리, 까마케 달린 사다리
돌뿌리 피해 기어오르고 다리 끈어졌네.
더듬어 시내길 찾어 나린다.
어느 날이나 싸움이 쉬나.
떠도라 다니는 호젓한 신세 늙은 안해 보기도 부끄럽구나.

長林偃風色
廻復意猶迷
彩裛翠微潤
馬銜青草嘶
棧懸斜避石
橋斷卻尋溪
何日兵戈盡
飄飄愧老妻

고개를 넘는 행색行色 얼은얼은 보였다 말고	行色遮隱見
구버 보면 마슬 연기도 이는 듯 스는 듯.	人烟時有無
짐진 애빈 대 숲속에 지적어리고	僕夫穿竹語
어린 아들은 구름 타고 브르는 듯하이.	稚子入雲呼
돌을 굴러 떠러트려 독갑이도 놀내 보고	轉石驚魑魅
활 시위 당겨 멕여 잔나비도 쏘아본다.	抨弓落狖鼯
질거운 듯 껄껄거려 우서 보는 맛,	眞供一笑樂
기구한 궁한 길을 위로함일다.	似欲慰窮途

발담주發潭州

밤엔 장사長沙 땅 술에 취하고	夜醉長沙酒
새벽엔 상수湘水 봄빛 밟고 지낸다.	曉行湘水春
언덕 꽃 휘날려 가는 길손 전송하고	岸花飛送客
돗대 끝에 앉은 제비	檣燕語留人
다정多情한 듯 재적인다.	賈傅才未有
이 땅에 인연因緣 깊든 가부賈傅와 저공褚公	褚公書絕倫
머리 속여 생각하니	名高前後事
마음 상하네.	回首一傷神

▷ 주(註) 가부(賈傅): 가의(賈誼)니, 한시(漢時) 인명(人名). 저공(褚公): 저수량(褚遂良), 당시(唐時) 인명(人名).

객야客夜

나그네 시름 많어 잠 못 이루고, 客睡何曾著
가을 밤 길어라 새기 어렵네. 秋天不肯明
드느니 발 속엔 넘어가는 푸른 달빛 入簾殘月影
들니느니 벼개 밑엔 먼 강물결 소리라. 高枕遠江聲
주변도 졸하다 옷 밥도 없구나. 計拙無衣食
궁박한 길에 벗만 믿을 뿐. 途窮仗友生
마누라 향해 쓰는 두어 장 편지 老妻書數紙
모두 다 못 가는 하소연일세. 應悉未歸情

객정客亭

가을 창문은 부유스름 젓빛으로 동이리이고	秋窓猶曙色
발가버슨 나무 앙상한 가지엔 바람 소리 다시 급하다.	木落更天風
붉은 해, 싸늘한 산山 밖에 솟고	日出寒山外
강 물결, 안개 속에 조는 듯하다.	江流宿霧中
성조聖朝엔 버리신 물건도 없거니	聖朝無棄物
늙고 병들어 하라비 되엿네.	老病已成翁
만코 적은 남어지 모든 일	多少殘生事
날리는 듯 불리는 듯 굴을 대로 굴러라.	飄零任轉蓬

우목寓目

일현一縣엔 포도葡萄가 익었네.
가을 산엔 게목도 많다.
고개 엉킨 구름 오락가락 비 뿌리고
국경國境의 흐르는 물 하수河水도 못 일운다.
오랑캐 계집 아이 담이 차든가
봉화烽火불 들어도 무서움 없고
호인胡人 머슴애 날새이여서
사나운 낙타駱駝 잘도 다룬다.
스사로 시름하네 눈도 어둬라.
오래오래 난리를 겪은 탓이라.

一縣葡萄熟
秋山苜蓿多
關雲常帶雨
塞水不成河
羌女輕烽燧
胡兒制駱駝
自傷遲暮眼
喪亂飽經過

▷ 주(註) 일현(一縣): 진주(秦州) 지명(地名).

유회遺懷

시름 엉킨 눈으로 국화를 보니 愁眼看霜露
국화는 국화대로 으젓하구려. 寒城菊自花
바람은 휘불어 끊어진 버들가지 휩싸 흔들고 天風隨斷柳
나그네 눈물은 처량한 피리 소리로 방울저 떨어지오. 客淚墮清笳
물이 고요하니 정자 그림자 옷뚝하고 水淨樓陰直
산이 으스름하니 해빛도 기울어젓네. 山昏塞日斜
밤들어 도라오는 새 다 날어드니 夜來歸鳥盡
뒤떠러진 까치새 목노아 운다. 啼殺後棲鴉

여야서회旅夜書懷

고은 풀 가는 바람 굽니는 언덕	細草微風岸
밤 들어 자오름도 일울 수 없네.	危檣獨夜舟
별빛 드리오니 넓은 들 더 넓고야.	星垂平夜闊
용소슴치는 달빛 강江물 딸어 흐른다.	月湧大江流
만고萬古에 빛난 이름 글 잘한다 나타나리.	名豈文章著
벼슬은 병 들면 마땅이 쉴 것이라.	官應老病休
어즈버 이 몸이 무엇과 같으리.	飄飄何所似
한가롭네 천지天地에 뜬 백구白鷗로구야.	天地一沙鷗

▷ 주(註) 위장독야주(危檣獨夜舟): 왕중의(王中宜)의 시(詩)에 '독야불능매(獨夜不能寐), 대강일야류(大江日夜流)'라 한 데서 의취(意趣)를 가져온 것이니, 배가 간다는 뜻이 않이라 잠을 이루지 못 한다는 의의(意義)다.

월야月夜

오늘 밤 부주鄜州의 달	今夜鄜州月
마누라만 혼자 보리.	閨中只獨看
멀리 생각하니 어여뿐 내 어린 딸	遙憐小兒女
장안長安 기억조차 알지도 못하렷다.	未解憶長安
구름같은 검은머리 안개에 저지렷다.	香霧雲鬟濕
차가운 달빛 바더 옥같은 팔 차거우리.	清輝玉臂寒
어느 때나 장막帳幕을 의지코	何時倚虛幌
마주 보며 눈물 거두리.	雙照淚痕乾

주월야대역근사舟月夜對驛近寺

밤 깊어 촉불 켜지 않어도	更深不假燭
달 밝어 뱃속 저절로 밝다.	月朗自明船
푸른 단풍 밖에는 금찰金刹이 솟고	金刹青楓外
흰 물가에는 주루朱樓가 섯네.	朱樓白水邊
까막윈 성城 위에 까옥어리고	城烏啼眇眇
해오랍인 들가에 고읍게 잔다.	野鷺宿娟娟
허연 머리 강호江湖에 노는 손	皓首江湖客
발을 올리고 홀로 못 자네.	鈎簾獨未眠

▷ 주(註) 금찰(金刹): 절.

우雨

보실보실 오는 비 길도 않이 미끄럽소.	微雨不滑道
뭉싯뭉싯 끈어진 구름 성글엇다 다시 간다.	斷雲踈復行
비 지낸 붉은 언덕 구비친 곳 거뭇하고	紫崖奔處黑
하얀 새 날으는 곳 깨끗이 더 밝구나.	白鳥去邊明
가을 해빛은 새로 저진 그림잔데	秋日新霑影
차가운 강江물 소린 옛 듯든 그 소리라.	寒江舊落聲
삽작문박 들 앞엔 물방아로다.	柴扉臨野碓
반 넘어 저진 풋배 쿵덕쿵 찟네.	半濕搗香秔

등악양루登岳陽樓

예로부터 동정호洞庭湖, 말만 듯고서	昔聞洞庭水
오늘날 악양루岳陽樓에 올나서 보니	今上岳陽樓
오吳ㅅ나라 초楚ㅅ나라는 동남東南으로 탁 터지고	吳楚東南坼
하늘과 땅덩이는 서야書夜로 떠 있구나.	乾坤日夜浮
친한 친구는 한마디 편지 없고	親朋無一字
늙고 병든 내 몸은 외배 한 척뿐이로고.	老病有孤舟
말굽소리 드높은 관산關山 북北쪽에	戎馬關山北
난간을 의지해 눈물만 흘닌다.	憑軒涕泗流

등왕정자滕王亭子

쓸쓸타 봄 산山길	寂寞春山路
님이 다시 못 오시네.	君王不復行
낡은 담 아직도 대빛 푸르고	古墻猶竹色
빈집엔 들니느니 소나무 소리라.	虛閣自松聲
참새 떼 지적이는 해 점은 거친 마을	鳥雀荒村暮
안개와 구름같은 길손의 정일세.	雲霞過客情
다시 한번 생각고 노래 부르니	尙思歌吹入
일천 기마騎馬 기빨을 휘날니는 듯.	千騎把霓旌

도의擣衣

번연이 님이 못 오실 줄 알면서도	亦知戍不返
가을이 다시 오니 다듬이돌 싯치누나.	秋至拭淸砧
괴로웁고 추운 달이 갓가웟구료.	已近苦寒月
안타꺼라 길이 이별한 마음,	況經長別心
어찌 차마 고단타 게름 부리리.	寧辭擣衣倦
이 마음 가저다 먼먼 님께 부치고저.	一寄塞垣深
상아象牙빛 고흔 팔둑 힘을 다해서	用盡閨中力
두드려 치느니 다듬이 소리라.	君聽空外音
님이여 들으소서. 하늘 밖에 들으소서.	
이 정성 이 그리움 귀 기우려 드르소서.	

한별恨別

낙성落城 한번 떠난 지	洛城一別三千里
삼천 리三千里 밖이라.	胡騎長驅五六年
오랑캐 말굽 소리	草木變衰行劒外
오륙五六 년年을 들린다.	兵戈阻絕老江邊
나무도 풀도	思家步月清宵立
변하고 시들엇네. 가는 서촉西蜀 길,	憶弟看雲白日眠
난리에 길 맥혀서	聞道河陽近乘勝
강변江邊에 늙는다.	司徒急爲破幽燕
맑은 밤 달빛 밟어	
집 생각하고,	
흰 구름 처다 보면 아오 그리워	
대낮에도 잠을 자 꿈을 청한다.	
들으니 하양河陽서 이즈음 익였다오.	
사도司徒여 급히 유연幽燕 땅 깨치소.	

▷ 주(註)낙성(洛城): 두보(杜甫)의 고향(故鄕).
검인(劒刃): 두보(杜甫)가 피란(避亂)간 곳, 촉(蜀)을 말한 것이니 중원(中原)에서 촉(蜀)이 서검각외(西劒閣外)에 있는 때문이다.
하양(河陽): 지명(地名)이니 하남(河南).
유연(幽燕): 지명(地名)이니 하북(河北).
사도(司徒): 관명(官名)이니 사도 이광필(司徒李光弼)이 하양(河陽)의 적(賊)을 파(破)했다는 소문을 듯고, 어서 빨리 적(賊)의 소굴(巢窟)을 격파(擊破)해달나는 뜻이다.

문관군수하남하북聞官軍收河南河北

별안간 드르니	劍外忽聽收薊北
계북薊北 땅을 거뒷다네.	初聞涕淚滿衣裳
엇지나 좋은지 반가운 눈믈	卻看妻子愁何在
주루루 두 줄기 옷깃을 적시네.	謾卷詩書喜初狂
안해와 아들 딸 근심을 말라.	白首放歌須縱酒
시서詩書를 둘둘마러	青春作伴好還鄉
밋친 듯이 기뻐 뛴다.	卽從巴峽穿巫峽
센 터러로 노래하며	便下襄陽向洛陽
흠뻑 마시자.	
푸른 봄 동무 삼어	
고향으로 도라가리.	
파협巴峽을 타고 무협巫峽을 뚤어	
선뜻 양양襄陽 지내	
낙양洛陽으로 행하리.	

▷ 주(註) 계북(薊北): 지명(地名), 유주(幽州)니 하남(河南), 하북(河北)을 가르침.

강상치수여해세료단술
江上値水如海勢聊短述

성미가 괴팩해서
좋은 글귀 탐하나니
사람을 놀래지 않곤
죽어도 못 놓겟네.
꽃과 새야 봄 왔다 근심 마러라.
늙어가는 내 시혼詩魂
더 홍청댄다.
수각水閣 란간 새로 지으니
낙싯대 디리기 좋고
떼 한 조각 물에 띠우니
배를 대신하랸 뜻이라.
엇지하면 도사陶謝같은 거장巨匠을 어더
함께 놀며 글 한 수 지어 볼꺼나.

爲人性癖耽佳句
語不驚人死不休
老去詩篇渾漫興
春來花鳥莫深愁
新添水檻供垂釣
故著浮槎替入舟
焉得思如陶謝手
令渠述作與同遊

▷ 주(註) 도사(陶謝): 도연명(陶淵明) 사령운(謝靈運)이니 진대(晋代)의 일류시인(一流詩人).

수愁

파릇파릇 움 돋는 강江가의 풀은	江草日日喚愁生
날마다 날마다 근심만 불너 이르켜 주오.	巫峽泠泠非世情
무협巫峽에 흐르는 물	盤渦鷺浴底心性
차거워라 본시 정부칠 곳이 않이데.	獨樹花發自分明
해오람이 목욕하는 구비치는 여울도	十年戎馬暗南國
바닥 유리가태 내 마음 같고	異域賓客老孤城
외로이 쓸쓸이 피인 꽃이나	渭水秦山見得否
맑고 밝은 그 자태 분명하구나.	人今疲病虎縱橫

십 년十年 말굽 소리 남국南國이 어둡구료.
이국異國에 떠도는 손 고성孤城에 늙는다.
위수渭水 진산秦山을 볼 수 있드냐.
사람은 병 들고
호랑이만 달니네.

▷ 주(註) 남국(南國): 낙양(洛陽). 고성(孤城): 기주(夔州).
위수진산(渭水秦山): 장안(長安)의 내물은 위수(渭水)요, 진산(秦山)은 종남산(終南山).

즉사卽事

점은 삼월三月에 무협巫峽은 길어
히고 힌 가는 구름 해빛에 떳다.
드르릉 우뢰 소리
천 봉오리에 비를 보내고
향기를 풍기는 꽃,
백화향百和香과 같구나.
꾀고리 물을 차, 날개 떨처 도라가고
제비는 진흙 물고
비에 저저 나러든다.
비각飛閣에 발 거드니
그림인 듯 방불한데
다만 저 소상瀟湘 없음
허술한 한恨이더라.

暮春三月巫峽長
皛皛行雲浮日光
雷聲忽送千峯雨
花氣渾如百和香
黃鶯過水翻廻去
燕子銜泥濕不妨
飛閣卷簾圖畫裏
虛無只少對瀟湘

▷ 주(註) 무협장(巫峽長): 파동(巴東) 삼협중(三峽中)에 무협(巫峽)이 가장 기니 그 기리 일백육십(一百六十) 리(里)에 뻣치었다.
백화향(百和香): 백약(百藥)을 조화(調和)하여 맨든 향(香).
비각(飛閣): 두보(杜甫)가 있든 서각(西閣)이다.
소상(瀟湘): 남(南)쪽의 승경(勝景).

곡강이수曲江二首

한 조각 꽃이 날러
봄빛이 여위려든
저 바람 떨기떨기 만 떨기를 흣뿌리니
정이 사람 애끈여,
시름에 잠길 때라.
다시보소, 저 꽃 다 흐터진 뒤
보이느니 눈에는 봄빛 않이라.
이 친구야, 몸 상한다 잔들기 앙탈을 마소.

一片花飛減卻春
風飄萬點正愁人
且看欲盡花經眼
莫厭傷多酒入脣
江上小堂巢翡翠
苑邊高塚臥麒麟
細推物理須行樂
何用浮名絆此身

나루ㅅ까 소당小堂엔 가인佳人의 비취翡翠가 썩고
동산 옆 높은 무덤 돌기린麒麟만 누엇구나.
가만이 이치 따저 행락이나 합세다.
몸에 얼킨 헷 이름
소용이 무엇이오.
아침마다 나날이
봄옷 잡혀서
날마다 강江가에서
취醉해서 가네.
술빗은 심상타
간 곳마다 있는 것,
인생人生 칠십七十은

朝回日日典春衣
每日江頭盡醉歸
酒債尋常行處有
人生七十古來稀
穿花蛺蝶深深見
點水蜻蜓款款飛
傳語風光共流轉
暫時相賞莫相違

예로부토 듬을다.

보시요 꽃을 뚤는 저 나비 떼들

물차는 잠자리도 헝그럽구야.

풍광風光은 흘너흘너 다시 못 오오.

잠간 상 주어 노치지 맙시다.

▷ 주(註) 소당(小堂) · 고총(高塚): 때가 지내가면 모두다 황폐(荒廢)해진다는 의의(意義)다.

비취(翡翠): 가인(佳人)이 가젓든 장식(裝飾)과 패물(貝物).

기린(麒麟): 고귀(高貴)한 사람 무덤에 있는 석사자(石獅子)와 석기린(石麒麟).

추흥 팔수秋興八首

○

신나무 이슬방울 쓸쓸한 가을	玉露凋傷楓樹林
무산巫山 무협巫峽이 소슬蕭瑟하구나.	巫山巫峽氣蕭森
강江과 강江 물결처 하늘에 닷코	江間波浪兼天湧
국경國境의 바람 구름, 땅을 연해 음산타.	塞上風雲接地陰
이태나 거듭 보는 국화 보는 눈물은	叢菊兩開他日淚
외로운 한 척 배 향수鄕愁 부르는 마음이라.	孤舟一繫故園心
석을펴라 겨울 옷	寒衣處處催刀尺
말음질이 한참인데	白帝城高急暮砧
백제성百帝城 높은 곳엔, 급하고야	
때 점은 다듬이소리.	

▷ 주(註) 백제성(白帝城): 촉중(蜀中) 기주(夔州).

○

기부夔府 외로운 성城에 지는 해 빗길 때면	夔府高城落日斜
북두칠성北斗七星 의지코, 서울만 바라본다.	每依北斗望京華
원숭이 우는 소리 들릴 때마다	聽猿實下三聲淚
삼성루三聲淚 옛 글귀 생각이 나고	奉使虛隨八月槎
사신을 받들어 팔월八月 때라든	畫省香爐違伏枕
장건張騫의 생각도 간절하고야.	山樓粉堞隱悲笳

병 들어 누으니
화성향로畫省香爐 그리웁고
산루山樓에 분粉칠한 성첩城堞
구슬픈 피리 소리 한스럽구나.
보시오 바위 돌 덩쿨에 걸린 달
어느 듯 모래 틈 갈대꽃에 빛었오.

請看石上藤蘿月
已映洲前蘆荻花

▷ 주(註) 화성(畫省): 화성(畫省)은 상화성(尙畫省)의 별칭(別稱)이니, 일즉이 두보(杜甫)가 벼슬하든 관부(官府).

위복침(違伏枕): 병(病)들어 누어 벼개에 업드렷슴으로 공무(公務)에 참여(參與)치 못함을 일음이다.

삼성루(三聲淚): 어자가(漁者歌)에 '파동삼협무협장(巴東三峽巫峽長) 원명삼성루첨상(猿鳴三聲淚沾裳)'에서 취(取)한 것이오.

팔월차(八月搓): 한무제(漢武帝) 때 장건(張騫)을 말한 것이다.

○

일천 집 울타리는
아츰 볓에 고요하고
강루江樓는 푸른 안개에
소스라처 앉어 있다.
자고 가는 고기잡이
배 띠여 도라 가고
맑은 가을 제비 떼도
넌짓넌짓 날러간다.
광형匡衡은 항소抗疏로 공명功名이 엷엇섯고

千家山郭靜朝暉
日日江樓坐翠微
信宿漁人還泛泛
清秋燕子故飛飛
匡衡抗疏功名薄
劉向傳經心事違
同學少年多不賤
五陵衣馬自輕肥

유향劉向은 오경五經을 전傳햇으나 도道를 행行치 못 햇네.

같이 배운 소년小年들

모도다 높이 되여

오릉五陵의 옷과 말 화려하고 살 것다.

▷ 주(註) 오릉(五陵): 장안오릉(長安五陵)이니, 극(極)히 번화(繁華)한 서울. 두보(杜甫) 자탄사(自歎詞)다.

○

드르니 장안長安은, 바둑 장기 판속이라.	聞道長安似弈棋
슬프다 세상	百年世事不勝悲
백년百年의 일이	王侯第宅皆新主
왕후의 집과 집	文武衣冠異昔時
모두 다 새 주인이고	直北關山金鼓振
문무文武의 옷과 갓	征西車馬羽書遲
옛 그대가 않이라네.	魚龍寂寞秋江冷
직북관산直北關山에 금쇠북 울어떨듸	故國平居有所思
서西으로 가는 거마車馬	
편지사연 더듸구나.	
어룡魚龍은 쓸쓸타.	
강물이 차고야.	
고향故鄕 옛 때의	
생각이 간절타.	

○

봉래궁蓬萊宮 대궐은 남산南山을 대對하고　　蓬萊宮闕對南山
승로반承露盤 쇠 줄기 하늘을 찔넛네.　　承露金莖霄漢間
서으로 요지瑤池는 왕모王母나린 곳이오.　　西望瑤池降王母
동편에 오는 자기紫氣, 함곡관函谷關에 가득하다.　東來紫氣滿函關
구름이 윈기니 치미선雉尾扇 펴 논 거 같고　　雲移雉尾開宮扇
용龍비눌에 해둘리니 성안聖顔을 뵈인 듯하이.　　日繞龍鱗識聖顔
창강滄江에 누어 도라다보니 금년 한 해도 점을엇구나.
一臥滄江驚歲晩
몇 번이나 대궐에 나아가 조회반朝會班에 참예할꺼나.
幾回青瑣照朝班

▷ 주(註) 봉래궁(蓬萊宮): 대명궁(大明宮).
남산(南山): 종남산(終南山).
승로(承露): 구리 기둥 우에 쇠소반을 언저 이슬을 바드니 이르기를 불사약(不死藥)의 하나라 하고 이름을 승로반(承露盤)이라 하니 한무제(漢武帝) 때 맨든 것이다.
요지(瑤池): 곤론산(崑崙山)에 있으니 전설(傳說)에 선녀(仙女) 서왕모(西王母)가 있는 곳.
동래자기(東來紫氣): 노자(老子) 서방(西方)으로 가니 당시함곡관영윤희(當時函谷關令尹喜) ㅣ 자기(紫氣) 동(東)편에서 오는 것을 바라보았다 한다.
청쇄(青瑣): 궁중(宮中)의 문명(門名).

○

구당瞿唐 골자기 곡강曲江머리는　　瞿唐峽口曲江頭

만리萬里의 바람 티글, 한가을이 연連해젓다.
화악루花萼樓 복도複道엔 어기御氣가 감돌고
부용芙蓉 적은 동산 변방 시름 떠돈다.
구실 발 색인 기동 따옥이 모양이요.
비단 바ㅅ줄 상아象牙 돗대 갈매기 떼 놀낸다.
머리를 도리키니
서글프다, 노래하고 춤추든 곳
진중秦中은 예로부터 제왕帝王이 사시든 곳.

萬里風煙接素秋
花萼夾城通御氣
芙蓉小苑入邊愁
珠簾繡柱圍黃鵠
錦纜牙檣起白鷗
回首可憐歌舞地
秦中自古帝王州

▷ 주(註) 구당(瞿唐): 지명(地名) 기주(夔州) 부성동(府城東)에 있다.
곡강(曲江): 장안(長安) 명소(名所).
소추(素秋): 가을.
협성(夾城): 복도(複道).
진중(秦中): 장안(長安)이니 옛적 진(秦)나라 땅임으로 진주(秦州)라 부른다.
제고제왕주(自古帝王州): 한수당(漢隨唐)이 다 이곳에 군읍(郡邑)하다.

○

곤명지昆明池 맑은 물은 한漢 나라 때 쓰든 것
무제武帝님 기ㅅ발이 눈앞에 선하다.
직녀織女의 베틀엔 찬 달빛, 어리고
돌고래 비눌엔 가을바람 드높다.
물결은 고미풀 띠워
검은 구름 떠돌고
연밥엔 이슬이 싸늘하니
흐터진 꽃판, 분홍粉紅 물감 푼 듯하다.

昆明池水漢水功
武帝旌旗在眼中
織女機絲虛夜月
石鯨鱗甲動秋風
波漂菰朱沈雲黑
露冷蓮房墜粉紅
關寒極天唯鳥道
江湖滿地一漁翁

하늘에 다은 듯한 관북關北 변방은
험하다 나는 새나 휘도라들 곳.
내 신센 간 곳마다 걸닐 것 없는
강호江湖에 떠다니는 고기잡이라.

▷ 주(註) 곤명지(昆明池): 운남(雲南)에 있으니 한무제(漢武帝) 서남이(西南夷)를 칠 때 본떠서 장안(長安)에 맨들고 군사로 하여금 수전(水戰)을 연습(練習)하든 곳.
직녀(織女): 곤명지(昆明池) 양안(兩岸)에 두 석인(石人)을 세워 견우(牽牛)와 직녀성(織女星)이라 하고 은하(銀河)를 상징(象徵)하다.
석경(石鯨): 곤명지(昆明池) 중(中)에 돌로 경어(鯨魚)를 조각(彫刻)해 두니 기리 삼장(三丈)이다.
고미(菰米): 밥 지어 먹는 쌀이 안이라 지중(池中)에 생기는 풀에 열매니 흡사이 쌀 가트나 사람이 먹지 안코 버린다.

○

곤오산昆吾山 어숙御宿 줄기
충충충 구버들고
자각봉紫閣峰 그늘로 미피渼陂물이 감돌앗다.
앵무샌 향기런 나락 쪼아 냄기고
봉황鳳凰은 벽오동碧梧桐 가지 깃드려 늙는다.
어엽분 가인佳人네들 푸른 풀 따며
봄노래 불러 사랑 이약이 하드니
느진 가을 신선 따러 배 타고 떠돈다.
일즉이 오색五色 홀란한 붓으로
기상氣象이 우줄우줄 글 잘 짓더니

昆吾御宿自逶迤
紫閣峰陰入渼陂
香稻啄餘鸚鵡粒
碧梧棲老鳳凰枝
佳人拾翠春相問
仙侶同舟晚更移
彩筆昔曾干氣象
白頭吟望苦低垂

세인 머리 숙이여 고개 숙이고

괴로이 석을푸게 읊고만 있다.

▷ 주(註) 곤오산(昆吾山): 산명(山名). 남전현경(藍田縣境)에 있다.
어숙(御宿): 주명(州名). 만년현 서남(萬年縣西南)에 있다.
자각봉(紫閣峯): 종남산(終南山)의 별봉(別峰).
미피(渼陂): 장안(長安)에 있다.
추흥팔수(秋興八首)를 전부(全部) 엮거 팔장(八章)을 일결(一結)한 것이니 두보자신(杜甫自身)의 역경(逆境)의 쓴 심회(心懷)를 상징(象徵)한 시(詩)다.

등고登高

바람은 급하고야
하늘도 높네.
원숭이 휘파람 소리 애끈여 구슬프고,
물 맑고 모래 흰데
갈매기는 날어 돈다.
가이없는 넓은 들
낙엽落葉 소리 소실한데
흐르느니 긴 강江물
콸콸콸 쏘다저 온다.
고향故鄕은 아득해라, 만리萬里 길이라.
해마다 가을 울어 대臺에 오르네.
세상 풍파에 살적도 서리 같다.
시룻해라, 새로이 탁주濁酒나 들자.

風急天高猿嘯哀
渚清沙白鳥飛廻
無邊落木蕭蕭下
不盡長江滾滾來
萬里悲秋常作客
百年多病獨登臺
艱難苦恨繁霜鬢
潦倒新停濁酒杯

▷ 주(註) 뇨도(潦倒): 피곤하고 시틋한 모양.

십이월일일十二月一日

취위 가벼우니	寒輕市上山煙碧
저자 위에 푸른 연기 서리우고,	日滿樓前江霧黃
해빛 정자亭子에 다수하니	負鹽出井此谿女
강江안개 눌우더라.	打鼓發船何郡郞
염전鹽田에 소금지고 나오는 여자女子	新亭擧目風景切
이곳 새댁넨 줄 알엇소만은	茂陵著書消渴長
두리둥둥 북치고	春花不愁不爛漫
배 띄는 낭군郎君, 그대 어디 사시오.	楚客惟聽棹相將

새 정자 경치 참하고 보니
무릉茂陵의 사마상여司馬相如 생각이 나고
봄꽃은 시름 않고 피지도 않으니
초나라 나그네 노 저어 당기는 소리만 듯네.

▷ 주(註) 무릉저서소갈장(茂陵著書消渴長): 사마상여(司馬相如), 무릉(茂陵)에서 저서(著書)를 만이 하다. 일즉이 소갈병(消渴病)이란 불치병(不治病)을 가짐.

입춘立春

봄날 봄 소반에
생영生榮나물 가늘구야.
홀제, 두 곳 서울 매화梅花철이 생각난다.
호강스런 높은 집 밥상 나오니
백옥白玉이 둥둥 담겨 가는 듯하고
가느단 섬섬옥수纖纖玉手 나물을 권하니
푸른 실끝 보내는 듯하다.
무협巫峽의 찬 강江을 엇지 볼꺼나.
두릉杜陵의 먼 손 슬픔을 못 니긴다.
정처定處도 없는 이 내 몸이라
아히 불러 종이 청해 시詩 한 수首 쓴다.

春日春盤細生菜
忽憶兩京梅發時
盤出高門行白玉
菜傳纖手送青絲
巫峽寒江那對眼
杜陵遠客不勝春
此身未知歸定處
呼兒覓紙一題詩

▷ 주(註) 양경(兩京): 낙양(洛陽)과 장안(長安) 두보(杜甫) 운안(雲安)에 있을 때 소작(所作).

여인행麗人行

삼월三月 삼질 일기日氣 좋은 날　三月三日天氣新
장안長安 물가엔 여인麗人도 만터라.　長安水邊多麗人
녹익은 태갈 맑고도 고운데　態濃意遠淑且眞
바드라운 살결 기름저 고르다.　肌理細膩骨肉匀
문의진 깁치마 봄별에 아른거리고　繡羅衣裳照暮春
금공작金孔雀 은기린銀麒麟 흔들거려 일그러지네. 蹙金孔雀銀麒麟
머리에 무엇을 꼬지엿나.　頭上何所有
취월 털로 꽃 머리 맨들어 살쩍까지 드리웟더라.　翠爲匐葉垂鬢脣
등 뒤에 무엇이 보이든가.　背後何所見
구실로 허리 춤 눌러 치마폭도 알맛더라.　珠壓腰衱穩稱身
그중에 구름 장막 높은 님 일가一家　就中雲幕椒房親
괵국부인虢國夫人 진국부인秦國夫人 이름 주섯네. 賜名大國虢與秦
낙타고기는 푸른 가마에 담겨 나오고　紫駝之峯出翠釜
수정水晶 소반엔 백어회白魚膾가 올나 안젓네.　水晶之盤行素鱗
배부르니 물소뿔 저箸가락, 오래 네리지 안코　犀筯厭飫久未下
부즈럽슨 칼질, 잘게잘게 썰기만 한다.　鸞刀縷切空紛綸
내시內侍는 말굴레를 날려도, 티끌이 일지 안코　黃門飛鞚不動塵
어주御廚에선 쉴 새이 없이 팔진미八珍味만 나오더라.
御廚絲絡送八珍

삼현육각三絃六角 풍뉴 소리 귀신도 감동할 듯　　簫鼓哀吟感鬼神

잡답한 빈종賓從들은 모두 다 요로要路의 세도勢道집일네　　賓從雜遝實要津

나종 오는 안장말 으젓도 해라.　　後來鞍馬何逡巡

마루 앞 다 와서 금인錦茵에 든다.　　當軒下馬入錦茵

버들 꽃, 눈처럼 날러 흰 마름을 덮어대고　　楊花雪落覆白蘋

청조靑鳥는 날러가 붉은 수건手巾 물어온다.　　靑鳥飛去銜紅巾

뜨거운 세도勢道 삼가하여 피하시오.　　炙手可熱勢絶倫

갓가이 가서 꾸지람 듯지 마소.　　愼莫近前丞相嗔

▷ 주(註) 합엽(㔩葉): 부인수식(婦人首飾).

자타지봉(紫駝之峰): 탁타척상고육(槖駝脊上高肉)이니 미미(美味)한 것이다.

소린(素鱗): 백어(白魚).

서근(犀筋): 서각저(犀角箸).

황문(黃門): 내시(內侍), 환자(宦者).

팔진(八珍): 우(牛), 양(羊), 미(麋), 녹(鹿), 조(麏), 시(豕), 구(狗), 낭(狼)의 고기라고도 하고 별칭(別稱)으로 순오(淳熬) 순모(淳母), 포돈(炮豚), 포장(炮牂), 도진(擣珍), 지오(漬熬), 간(肝), 뇨(膋) 등(等)이라기도 한다.

금인(錦茵): 비단 행보석(行步席), 비단자리.

청조(靑鳥): 서왕모(西王母)의 사자(使者).

홍건(紅巾): 부인(婦人)이 내연(內宴)[안잔치]할 때 쓰는 수식(首飾).

당명황(唐明皇) 때 양귀비(揚貴妃)의 형(兄) 양충국(揚忠國)이 양귀비(揚貴妃)의 세도(勢道)를 믿고 그 누이 괵국부인(虢國夫人)과 진국부인(秦國夫人)과 더부러 형자(兄姊)의 교기(嬌氣) 놀라우매 두보(杜甫), 이 시(詩)를 지어 풍자(諷刺)한 것이다.

빈교행 貧交行

손을 재치면 구름이 되구요	飜手作雲覆手雨
손을 엎으면 비가 된다네.	紛紛輕薄何須數
가볍고 얇은 건 세상의 인심	君不見管鮑貧時交
분분한 심사 층냥키 어렵다.	此道今人棄如土

그대 보지 못 하시나 관중管仲과 포숙鮑叔
가난한 때 사귀든 정분
이 도덕道德 지금 사람
흙과 같이 버렷더라.

▷ 주(註) 관포빈시교(管鮑貧時交): 관중(管仲)과 포숙(鮑叔)을 말한 것이니, 관중(管仲)이 일즉이 포숙(鮑叔)과 더부러 놀새, 포숙(鮑叔)이 관중(管仲)의 어진 것을 알고 또한 심허(心許)하였다. 그러나 관중(管仲)은 빈곤(貧困)함으로 항상 포숙(鮑叔)을 속이나 포숙(鮑叔)은 알고 몰은 체하엿다. 처음 관중(管仲)과 더부러 장사할 새 재리(財利)를 관중(管仲)이 더 갓되 포숙(鮑叔)은 몰은 체하고, 두 번째 포숙(鮑叔)을 위(爲)하여 일할 새 더욱 곤궁(困窮)에 빠지나 포숙(鮑叔)은 관중(管仲)을 우(愚)하다 않이 하고, 세 번째, 두 번 벼슬하여 인군(人君)에게 세 번이나 쪼기나 포숙(鮑叔)은 관중(管仲)을 불초(不肖)라 안이 하고, 네 번째 관중(管仲)이 전쟁(戰爭)에 세 번 싸와 세 번 다 패(敗)하나 포숙(鮑叔)은 관중(管仲)의 노모(老母)를 잘 받들어 주었고, 다섯 번째 관중(管仲)이 옥(獄)에 가치매 포숙(鮑叔)은 조곰도 관중(管仲)의 소절(小節)을 남으라지 안이 하엿다. 나종 관중(管仲)이 귀(貴)이 되매 관중(管仲)이 포숙(鮑叔)에게 봉읍(封邑)과 관록(官祿)을 같이 하여 갈오대, 나를 나은 사람은 부모(父母)요, 나를 알아준 사람은 포자(鮑子)라 하다. 관포(管鮑) 양가(兩家)의 후손(后孫)도 자자손손(子子孫孫) 명대부(名大夫)가 되여 봉읍(封邑)을 바더 십여 세(十餘世)에 일으다.

청양씨가聽楊氏歌

가인佳人이 노래 부르네.
그 소리 고읍기 세상에 짝이 없구나.
아리잠직 홀로 서서
힌 니ㅅ발 드러내 노래 불으네.
당堂에 가득 모인 사람
구슯어서 락누하고
구을러 떠러지는 맑은 목청은
푸른 허공虛空 우에 헤염질 친다.
더욱이 힌 달은
때맞침 강성江城 우에 걸녀 잇고
듯는 이 모다
맑은 밤에 일어낫다.
늙은 지애비는
점으러가는 나이를 슯어하고
장사壯士는 눈물 흘려
비 오듯 하는구야.
옥玉 술잔도 들 수 없어
오래도록 적막寂寞하고
금金 피리도 무색하여
곡조조차 못 일운다.
가인佳人아, 듯는 이 피곤타

佳人絕代歌
獨立發皓齒
滿堂慘不樂
響下淸虛裏
江城帶素月
況乃淸夜起
老夫悲暮年
壯士淚如水
玉盃久寂寞
金管迷宮徵
勿云聽者疲
愚智心盡死
古來傑出士
豈待一知己
吾聞昔秦青
傾側天下耳

겸사를 마소.

어리석은 이나 슬기로운 이나

염통이 주여짜저

죽을 것 같다.

예로부터 빼여난 재주

엇지 다만 한 사람 지기知己뿐이리.

내 들으니 옛날

소리 잘하든 진청秦青

왼천하 사람들이

귀 기우려 들엇다데.

백사행白絲行

실만 길게 뽑아라.
오색五色으로 물들일 걸
월越나라 비단 촉蜀나라 비단
금 좁쌀 같은 자로구나.
상아象牙 상床 우에 섬섬옥수纖纖玉手 어지러우니
진다홍 빛으로 물드는구나.
만초천화萬草千花 홀난한 문의紋儀
벽옥색碧玉色 빛갈로 물드려진다.
슬프구나 힌 바탕
때를 따러 물드는구야.
우는 베틀에 네려 찌지면
찬란한 오색五色빛 눈이 부시다.
참한 각씨 안존하게
대림이로 구김새 펴니
마름질한 실 자죽 선線두른 바눌 자죽
재강아지 눈 감은 듯 흔적조차 슬어진다.
님 위해 춤추시라 봄옷 지어 드렷드니
춤추시는 님의 자태 나비가 날어든 듯
꾀고리 노래하 듯
버들개지 춤 추드시, 능수버들 느러지듯
갓븐갓븐 한들한들 다정多情도 하시구나.

繅絲須長不須白
越羅蜀錦金粟尺
象床玉手亂殷紅
萬草千花動凝碧
已悲素質隨時染
裂下鳴機色相射
美人細意熨帖平
裁縫滅盡針線跡
春天衣著爲君舞
蛺蝶飛來黃鸝語
落絮遊絲亦有情
隨風照日宜輕擧
香汗淸塵汙顔色
開新合故置何許
君不見才士汲引難
恐懼棄捐忍羈旅

그러나! 여보소 내 탄식 듯소.
향香기로운 땀 옷깃에 배고
고은 때 묻어 더러워지면
헌신 버리듯 내여 던지고
또 다시 새 것을 차지실 것을.
그대 보지 못하나, 재사才士들의 씨여짐도
방불彷佛이 이 비단 옷감 같구야.
버릴까 두려해서 억매인 신세
백사행白絲行을 안 부르고 어이할꺼나.

▷ 주(註) 이 시(詩)는 백사(白絲)로써 사람에게 비(比)하여 탁의(託意)해 지은 것이다.

음중팔선가飮中八僊歌

지장知章은 말을 타도
배를 탄 듯 의태롭다.
취해 눈이 붉어
우물에 떠러저도 물속에 졸으리.
여양汝陽은 서 말 먹고
비로소 조회朝會 가네.
길에서 누룩 실은 차車만 보아도
입가에 침이 저절로 흘으네.
한스러우리
주천酒泉에 태수太守 노릇 못 한 것이.
좌상左相은 홍 그리워
날마다 만전萬錢을 쓴다.
고래 같이 마시여
백천百川이라도 빨 듯하다.
잔만 들면 성인聖人 타령
현인賢人은 급級이얏다 실여한다데.
종지宗之는 소쇄瀟灑한 미소년美少年
잔 들고 눈 부릅떠
푸른 하늘 바라보니
옥골선풍玉骨仙風, 깨끗한 태갈
흔들흔들 취한 모양

知章騎馬似乘船
眼花落井水底眠
汝陽三斗始朝天
道逢麴車口流涎
恨不移封向酒泉
左相日興費萬錢
飮如長鯨吸百川
銜盃樂聖稱避賢
宗之瀟灑美少年
舉觴白眼望青天
皎如玉樹臨風前
蘇晉長齋繡佛前
醉中往往愛逃禪
李白一斗詩百篇
長安市上酒家眠
天子呼來不上船
自稱臣是酒中仙
張旭三盃草聖傳
脫帽露頂王公前
揮毫落紙如雲烟
焦遂五斗方卓然

바람 앞에 옥수玉樹 같다.

高談雄辯驚四筵

소진蘇晉은 애불자愛佛者라 부처를 잘 밧들어
취醉하면 선禪한다 절간으로 도망가고
이태백李太白은 술 한 말에 시詩 백 편百篇식
장안長安 저자 위 술집에 조네.
천자天子가 블러도 배에 올으지 않고
자칭自稱해서 말하기를
신臣은 주중선酒中僊요.
장욱張旭은 석 잔 마셔 성전聖傳을 갈겨 쓰네.
모자 벗고 맨 머리로
왕공王公 앞에도 버젓이 안저
둘으는 붓대 조의에 떠러지면
구름일 듯 연기일 듯 굼틀거려 잘도 쓰고,
초수焦遂는 닷 말 술에
겨우 탁연卓然한 양
고담웅변高談雄辯이
사면 자리 놀래 준다.

▷ 주(註) 모두 성당(盛唐) 때 이태백(李太白)의 친구들이다. 이때에 두자미(杜子美)와 이태백(李太白)의 시명(詩名)이 아울러 천하(天下)에 진동(振動)하니 두자미(杜子美) ㅣ 이 노래를 불러 이태백(李太白)의 붕배(朋輩)를 칭제(稱提)한 것이다.

지장(知章): 하지장(賀知章) 이백(李白)을 조정(朝廷)에 천거(薦擧)한 사람.

여양(汝陽): 여양왕(汝陽王) 진(璡)이니 양황제헌(讓皇帝憲)의 자(子).

좌상(左相): 상산왕(常山王) 승건(承乾)의 손(孫). 성명(姓名)은 이적지(李適之)니 좌승상(左丞相)을 지내다.

종지(宗之): 시어(侍御) 최종지(崔宗之)니, 금릉(金陵)에 적거(謫居)하여 이백(李白)과 시주(詩酒)를 창화(唱和)하다.

소진(蘇晉): 소정(蘇頲)의 자(子). 당현종(唐玄宗)이 진(晉)으로써 국정(國政)을 감(監)케 하니 조서제명(詔書制命)이 다 진(晉)의 소작(所作)이다.

불상선(不上船): 이태백(李太白)의 유명(有名)한 일화(逸話)니, 당현종(唐玄宗)이 일즉 이백(李白)에게 글을 짓게 하기 위(爲)하야 백(白)을 명소(命召)하니 사자(使者)ㅣ장안시상(長安市上)에 주가(酒家)를 두루 차젓다. 이때 이백(李白)은 심취(沈醉)하여 사자(使者)를 뿌리처 호령(號令)하고 배에 오르지 안이하였다. 제(帝)ㅣ 다시 중신고력사(重臣高力士)를 보내여 부액(扶掖)하여 배에 올으게 하고 대관(大關)을 들어오게 하니 이백(李白)이 어전(御前)에서 고력사(高力士)로 하여금 신을 벗기게 하고 양귀비(楊貴妃)를 식혀 묵(墨)을 갈게 한 뒤에 저 유명(有名)한 청평사(淸平詞)「운상의상화상용(雲想衣裳花想容), 춘풍불함로화농(春風拂檻露花濃)」의 삼수(三首)를 지어 바치니 현종(玄宗)이 대찬(大讚)하엿다.

장욱(張旭): 초서(草書)를 잘 쓰고 술을 조아하니 시인(時人)이 장전(張顚)이라 불은다. 이것은 욱(旭)이 대취(大醉)하면 두발(頭髮)에 흠뻑 묵(墨)을 무처 대필(大筆)을 대신하야 쓰니 신기표일(神氣飄逸)하다. 욱(旭)도 술이 깨여서 자기(自己)의 취중(醉中)에 쓴 글씨를 보고 그 필치(筆致)에 대경(大驚)하여 입신(入神)됨을 자인(自認)하다.

초수(焦遂): 말이 어눌하여 평소(平素)에 객(客)을 대(對)하면 한 마디도 못하나 취(醉)하면 고담준론(高談峻論)이 수락석출(水落石出)로 용소슴처 나온다. 시인(時人)이 주흘(酒吃)이라 별명(別名)을 부쳤다.

건원중우거동곡현乾元中寓居同谷縣

— 작가칠수作歌七首 —

○

손 잇네 손 잇스니, 자字는 자미子美라.	有客有客字子美
힌 머리 흐터저 귀 뒤를 덮고	白頭亂髮垂過耳
해마다 상수리와 도토리 주어	歲拾橡栗隨狙公
왼숭이 하라비 저공狙公 딸으니	天寒日暮山谷裏
하늘 차고 날 점은 산골작이라.	中原無書歸不得
중원中原엔 소식消息 없어 돌아갈 길 아득하고	手腳凍皴皮肉死
손발은 얼어 터저 가죽과 살 죽엇구나.	嗚呼一歌兮歌已哀
아아, 한 곡조 노래하니 노래도 구슬오다.	悲風爲我從天來
슬픈 바람 나를 위해	
하늘에서 불어온다.	

○

보곳, 긴 보곳 힌 나무 자루야.	長鑱長鑱白木柄
내 목숨, 네게 의지해 산다.	我生託子以爲命
뫼갓엔 눈이 뒤엎어 덮어	黃精無苗山雪盛
황정黃精싹도 차질 수 없고	短衣數挽不掩脛
짤은 옷을 작구작구 잡어단여도	此時與子空歸來
정강이도 가릴 수 없다.	男呻女吟四壁靜
부즈럽이 보곳 너와, 빈 손 들고 도라오니	嗚呼二歌兮歌始放

왼 집 식구 배가 곯아
웅얼대서 신음呻吟한다.
아아, 두 곡조 노래하니
청이 터져 나는구나.
노래 듯는 동리 사람
얼골 빛이 처량하다.

閭里爲我色惆悵

○

동생아 내 동생 먼 곧에 있네.
아오 세 사람 모두 다 여윘스니
어느 아오가 그 중 성하냐.
생이별生離別 떠도라 서로 보지 못 하고
변방 티끌 하늘 가려 길 천도 아득하다.
동東으로 나는 거위, 뒤에 가는 왜가리야.
날 데려 가서 우리 아우 곁에 두어다주렴.
아아, 세 곡조 노래하니 노래가 세 번이라
내 어듸로 돌아가 형兄의 뼈를 추려 주리.

有弟有弟在遠方
三人各瘦何人强
生別展轉不相見
胡塵暗天道路長
東飛鴐鵝後鶬鶊
安得送我置汝旁
嗚呼三歌兮歌三發
汝歸何處收兄骨

○

누이도 있네 우리 누이도.
봉양鳳陽 임회臨淮 종리鍾離에 있네.
산 아이 일즉 죽고
어린 것들 철 안 낫다
회수淮水 물가 몰결이 드높아

有妹有妹在鍾離
良人早歿諸孤癡
長淮浪高蛟龍怒
十年不見來何時
扁舟欲往箭滿眼

교룡蛟龍이 성내 파도波濤 사납다.　　杳杳南國多旌旗
십년十年을 못 보앗네.　　嗚呼四歌兮歌四奏
올 때가 어느 때냐.　　林猿爲我啼清晝
일엽주一葉舟 띄워, 차저 보련만
길 막네. 나는 화살 눈 앞에 가득하고
아득하다. 남南녁 나라
깃빨이 가리엿네.
아아, 네 번을 노래한다, 네 곡조 아뢰이니
수풀의 왼숭이
나를 위해 대낮에 운다.

○

사산四山에 바람 높아 시내 물이 급하구야.　　四山多風溪水急
찬비는 바삭바삭 마른 나무 적시운다.　　寒雨颯颯枯樹濕
황호黃蒿 옛 성城엔 구름도 안티고　　黃蒿古城雲不開
힌 여호 뛰어가니 누른 여호 서서 본다.　　白狐跳梁黃狐立
이 몸이 나서 궁곡窮谷에 왜 있든고　　我生何爲在窮谷
반 밤에 일어 앉어 만萬 가지가 늣겨웁다.　　中夜起坐萬感集
아아, 다섯 번 노래한다. 노래 장히 길었구나.　　嗚呼五歌兮歌正長
혼魂은 불너도 고향故鄕으로 돌아올 수 없구나.　　魂招不來歸故鄉

○

남편에 용龍 있다네.　　南有龍兮在山湫
산추山湫에 있네.　　古木巃嵸枝相樛

고목古木이 굼틀굼틀 木葉黃落龍正蟄
가지가지 늘어졌다. 蝮蛇東來水上遊
누른 낙엽落葉 흔날니니 我行怅此安敢出
용龍이 짜장 서릴 때요. 拔劍欲斬且復休
복사蝮蛇는 동東에 와서 嗚呼六歌兮歌思遲
불우에 헤칠 때라. 溪壑爲我廻春姿
내 압 길에 이 계학溪壑
엇지 감이 나오느니.
칼 빠여 베이랴도
잠간 다시 멈으른다.
아아, 여섯 곡조 노래하니 노래 생각 더디구나.
시내와 골작이, 나를 위해
봄 자태姿態로 돌아든다.

○

산아이로 태여나서 男兒生不成名身已老
일홈을 일우기 전 三年饑走荒山道
몸이 먼저 늙었구나, 長安卿相多少年
석삼년三年을 주리면서 富貴應須致身早
거친 산길 헤매였네. 山中儒生舊相識
장안대가長安大家 귀소년貴少年들 但話宿昔傷懷抱
부귀富貴로 입신立身하기 嗚呼七歌兮悄終曲
모름직이 빨을엿다. 仰視皇天白日速
전부터 구면舊面이든

산중山中 선비는
간장 썩은 옛 회포맥이만 한다.
아아, 일곱 번 노래하니
초연悄然하다 종곡終曲 노랠세.
황천皇天을 우러러 보니 힌 날빛만 빠르구나.

▷ 주(註) 유객유객(有客有客): 두자미 자칭사(杜子美自稱詞).

저공(狙公): 원숭이 아범. 원숭이 잡어서 놀니는 곡예사(曲藝師).

참(鑱): 보곧. 이철(犂鐵). 두보(杜甫) 이것을 집고 산악(山岳)으로 단이며 상실(橡實)과 황정(黃精)을 캐여 호구(糊口)하다.

아생탁자이위명(我生託子以爲命): 자(子)는 참(鑱)을 가르친 것이니 두보(杜甫)의 일명(一命)을 보곧에 부치엿슴이다. 그대, 자네란 뜻이다.

황정(黃精): 약초(藥草), 강장제(强壯劑).

유제유제(有弟有弟): 두보(杜甫)의 제(弟) 사인(四人)이 있으니 영(穎)·관(觀)·풍(豐)·점(占)이라. 각각 타처(他處)에 있고, 다만 점(占)만 두보(杜甫)를 따러 서촉(西蜀)에 피란(避亂)오다.

종리(鍾離): 지명(地名) 봉양임회현(鳳陽臨淮縣)에 있다.

장회(長淮): 종리(鍾離).

황호고성(黃蒿古城): 동곡현(同谷縣).

농종(巃嵸): 본시(本是) 산(山)의 준험(峻險)함을 말한 것이나, 차처(此處)에 고목(古木)의 형태(形態) 옹울(蓊鬱)함을 말한 것.

산중유생(山中儒生): 두보 자비(杜甫自譬).

이 시(詩)는 두보(杜甫)가 건원 이년 십일월(乾元二年十一月)에 동곡(同谷)에 도달(到達)하여 십이월(十二月)에 촉(蜀)에 들어갈 때 지은 것이니, 건원(乾元)은 당숙종(唐肅宗) 연호(年號)다. 동곡(同谷)은 합서(陜西) 서안부(西安府) 성현(成縣)이다.

昭和十九年八月二十五日 印刷　定價 三 圓 五 十 錢
新 特別行爲稅相當額二十錢
昭和十九年八月二十八日 發行　賣價 三 圓 五 錢
送料 三 十 八 錢

支那名詩選
第一集

板權所有

京城府鍾路區堅志町三二
著作兼
發行者　西原奎相
京城府鍾路區堅志町三二
印刷人　白川仁穆
京城府鍾路區堅志町三二
印刷所　漢城圖書株式會社

京城府鍾路區堅志町三二
發行所　漢城圖書株式會社
電話線(光)一四七九番
振替京城　七六六0番

漢城圖書納　配給元 日本出版配給株式會社 朝鮮支店

II. 신문 · 잡지 번역시

新聞·雜誌 飜譯詩

일러두기

1. 이 책은 신문 · 잡지에 발표된 가람 이병기의 번역시 작품들을 연대순으로 수록하였다.
2. 신문 · 잡지에 발표된 작품들의 출전은 각주로 밝혀 수록하였다.
3. 신문의 출처는 연월일까지, 잡지는 연월까지 표시하였다.
4. 원본 작품의 제목 한자 표기는 가독성을 위하여 한글漢字로 표기하였다.
5. 각주는 원문의 형식을 따랐다.

목차

신문 · 잡지 번역시

李秉岐 譯

금강산金剛山[1]

실명씨失名氏

구름 히고 산山도 히여	山與雲俱白
산과 구름 몰을러니	雲山不辨容
구름 것고 산만 홀로	雲歸山獨立
만이천 봉萬二千峯 소아 잇네.	一萬二千峯

풍악楓岳[1]

성석린成石麟

일만이천一萬二千 저 봉오리	一萬二千峯
놉고 나즘 다 다르네.	高低自不同
보소 님하, 해 쓰걸랑	君看一輪上
놉혼 곳이 몬저 붉네.	高處最先紅

1 『朝鮮文壇』9호 1925. 6.

규정閨情[1]

이원李援

저 매화梅花꽃 다 지도록　　有約郎何晩
님은 어이 안 오시노.　　庭梅欲謝時

가치 짓는 소리 듯고　　忽聞枝上鵲
괜이 단장 하엿섯네.　　虛畫鏡中眉

빈녀음貧女吟[1]

규수허씨閨秀許氏

一

가진 가난 격겨가며　　豈是乏容色
바나질과 질삼맷네.　　工針復工織

자태인들 업스랴만　　少小長寒門
중매들이 모른다네.　　良媒不相識

二

밤 깁도록 베를 짜며　　夜久織未休
잘삿잘삿 소리 내네　　軋軋鳴寒機
이 베틀에 짜아낸 베　　機中一匹練

어느 님의 옷이 될고.	終作阿誰衣

三

가위 잡고 안젓는데	手把金剪刀
밤은 차서 손이 곱네.	夜寒十指直
남의 혼수 옷은 하며	爲人作嫁衣
해해마다 나는 홀로.	年年還獨宿

장한가長恨歌[2]

백낙천白樂天 작作

명황明皇이 색色을 질겨
절대가인絶代佳人을 구한 지 오랠러니
양가규중楊家閨中에 여자ㅣ 잇서
남달리 뛰어남을 사람이 모르거니와
천생天生 아름다움이야 어이 버리랴.
일조一朝에 왕王의 엽헤 뽑혀 잇서
한 번 돌처 웃고 보면 온갖 교태 들어나니
삼천 궁녀三天宮女 고운 빗이 업게 되고 마는고나.
봄이 치워 온천溫泉에 목욕하고
연연한 몸을 힘업시 일 제
소녀少女들로 옹위하니
이로부터 사랑을 밧는고나.

구름가튼 검은 머리, 꼿가튼 고운 얼골
다스한 부용장芙蓉帳에 온밤을 다 새울 제
봄이라 밤이 짤너 늣도록 잠을 자니
왕王이 일즉 조회를 못 바드며
질기는 놀음놀이 써날 적 업서

2 『朝鮮文壇』 10호, 1925. 7.

봄이면 봄놀이, 밤이면 밤마다
삼천 궁녀三天宮女 어엿븜을 한몸에 괴이고
고운 단장에 아양을 부리며
깃븜을 다하고 단꿈만 꿔노나.
자매형제姊妹兄弟는 봉후封侯가 되니 광채光彩ㅣ문門에 나는지라
천하天下의 부모父母된 마음 딸만 두려 하는고나.

여궁驪宮 저 놉히 구름 든 고데 선계仙界의 풍류ㅅ소리
바람에 홋날리어 여긔저긔 들리오며
그리도 조흔 가무歌舞 종일終日 해도 못다 그처
별안간 어양漁陽에서 천병만마千兵萬馬 뒤끌어오니
깜짝 놀래어 가무歌舞를 파하고
구중궁궐九重宮闕에 틔끌이 일며 대가大駕ㅣ서西으로 달을 제
기치旗幟는 울긋불긋 바람에 나붓기며
백여 리百餘里 겨우 가서 군사 아니 써나니
이 일을 어이하리.
어우아 미인美人을 말 압헤 죽이는고나.
자개잠과 금비녀 짜헤 홋터진들
누가 잇서 거두오리.
님금도 할 길 업서 돌처만 보고
피눈물을 흘리는고나.

황진黃塵은 치일고 바람은 쓸쓸한데
잔도棧道를 가나 돌고 휘돌아 검각劍閣에 다다르니

아미산峨眉山 미테 행인行人은 드믈고 해비츤 저믈어라.
산山과 물은 푸르른데 아츰 저녁으로
그린 마음 엇더하리.
달을 보면 눈물이 지고
밤ㅅ비ㅅ소리, 말방울 소리 애긋는 듯하고나.

어느즛 평란平亂이 되매
돌처오다 마외馬嵬에 니르러
멈읏멈읏 참아도 못 가는고나.
도문都文을 바라보고 동東으로 돌아드니
태액지太液地의 부용芙蓉꽃, 미앙궁未央宮의 버들 비츤
전과 다름 업건마는 저갓튼 고운 자태
어이하여 다시 보리.
흐르나니 눈물이라.
하믈며 이화 도화李花桃花 만발한 봄철이며
오동梧桐닙헤 비 듯는 가을밤에랴.

서궁 남원西宮南苑에 풀은 이울고 낙엽落葉은 뜰에 가득한데
이원 제자梨園弟子는 백발白髮을 흣날리고
비빈궁녀妃嬪宮女들도 귀미티 히는고야.
반듸ㅅ불 이리저리 전殿 압헤 날어들 제
외로이 등燈ㅅ불만 도두고 잠 못 들어 하다가
기나긴 밤을 새우고 마는고야.
서리ㅅ바람 차듸찬데

원앙침鴛鴦枕과 비취금翡翠衾은 눌과 갓치 하단 말가.
유명幽明이 다르다 하지마는
이대도록 꿈에도 아니 보이는고.

한 도사道士ㅣ 잇서 왕王을 위하여
치성하고 혼魂을 능히 부른다커늘
그로 하여 은근히 찻는지라.
바람 타고 번개 가티 한울로 싸흐로
샷샷이 더듬어도 아니 보이더니
듯건대 망망한 바다 가운대 선산仙山이 잇는 바
릿각閣이 령롱하고 오색五色 구름이 일고
아릿다운 선녀仙女ㅣ 만흐온데
그 중에 태진太眞이란 선녀ㅣ 잇스니
꼿가튼 그 얼골 갓기도 가틀세라.

금문金門을 돌아들어 옥경玉扃을 두다리고
동녀童女 식여 전갈하되
당천자唐天子의 사신使臣이로다.
선녀仙女ㅣ 꿈을 째고 놀래이며
주렴珠簾과 은병銀屛을 서서히 것고
느슬어진 운빈雲鬢에 화관花冠을 빗겨 쓰고 나올제
바람에 풀풀 날리는 옷깃
우의무羽衣舞와 비슷하고
옥삼 玉衫에 저즌 눈물 이화梨花꼿 한 가지에

봄ㅅ비를 띄엇는 듯.

잠잠이 보고는 사례하되
한 번 리별 하온 뒤 소식消息좃차 씃치이고
봉래 궁중蓬萊宮中에 해 가는 줄 모르오며
머리를 돌이켜 하계下界를 바라보면
장안長安은 아니 뵈고 틔끌만 자옥하여라.
다만 이걸로나 정표情表를 하노니
자개선과 금비녀를 가지고 가라.
저와 가티 마음이 구들 양이면
서로 볼 날이 잇스리라.

써날 째 또 다시 당부하고
넛짓이 글을 붓치니
글의 뜻은 둘이만 알 뿐이라.
칠월 칠일七月七日 장생전長生殿에
고요한 깁흔 밤 단둘이 말할 제
원컨대 한울에 나면 비익조比翼鳥가 되고
싸헤 나면 연리지連理枝가 되고져.

천하天下는 씃날 적이 잇드래도
이 내 한은 씃침이 업서라.

—씃—

오야제烏夜啼[3]

누른 구름 저 성城ㅅ가에 가마귀 울고 날어들 제
비단 짜는 진천녀秦川女는 북을 멈춰 님 생각에
호을로 흐르는 눈물 비 오듯이 하더라.

黃雲城邊烏欲棲
欲飛啞啞枝上啼
機中織錦秦川女
碧紗如煙隔窗語
停梭悵然憶遠人
獨宿空房淚如雨

낙화암落花巖[3]

네와 다른 이 산천山川에 달만 홀로 오고 가고
낙화암落花岩 저 어름에 꼿은 상긔 남엇스니
그날의 비바람에도 다 불리지 아녓서라.

國破山河異昔時
獨留江月幾盈虧
落花岩邊花猶在
風雨當年不盡吹

3 『東亞日報』, 1925. 7. 8.

시우인示友人[3]

절 압헤 지는 꼿이 옷에 자주 부드친다.	古寺門前又送春
팔을 젓고 돌아올 제 맑은 향긔 써돌으며	殘花隨雨點衣頻
저 산의 수 업는 벌이 멀리 나를 싸르더라.	歸來滿袖清香在
	無數山蜂遠趁人

츈일성남즉사春日城南卽事[3]

봄이 벌서 반은 가고 부슬비는 나리도다.	春風忽己近清明
담 엽헤 살구꼿이 왓작 피려 하오는데	細雨霏霏晚未晴
이슬 셴 두 세 네 가지 나를 향해 기울러라.	屋角杏花開欲遍
	數枝含露向人傾

즉사卽事[3]

타작 소리 노피 나고 술은 가득 괴엿는데
한가한 저 늙은이 아이 불러 바람 막어
둑 렵피 새로 심은 대쑤리 흔들릴가 하더라.

打麥聲高酒滿盆
老人無事臥荒村
呼兒室下遮風慢
恐擾新移紫竹根

월야여객음행화하月夜與客飮杏花下[4]

살구ㅅ곳 흣날리어, 발ㅅ가에 부드치고,
달빗은 사람 차저 어엿이 방에 들 제
옷을 것고 거닐러니 밟히는 이 ᄭᅩᆾ그림자.
말음입이 흔들리며 물길이듯 얼웅얼웅
ᄭᅩᆾ 사이에 술을 두니 맑은 향긔 피어나고
긴 가지를 휘잡으니 눈발이 ᄡᅧ지는 듯.
마을집 맛업는 술을, 뉘라 질겨 하랴마는,
님이어 잔 가운대, 비췬 달을 마시옵소.
튱소ㅅ소리 ᄭᅳᆫ이이고, 달 지고 잔이 비이리.
만일에 래일 아츰, 왜바람 치고 보면
다만지 푸른 닙만, 아마도 보오리라.

杏花飛簾散餘春
明月入戶尋幽人
褰衣步月踏花影
炯如流水涵青蘋
花間置酒清香發
爭挽長條落香雪
山城酒薄不堪飮
勸君且吸杯中月
洞簫聲斷月明中
惟憂月落酒杯空
明朝捲地春風惡
但見綠葉棲殘紅

4 『時代日報』, 1925. 7. 27. 소동파의 시「月夜與客飮杏花下」번역임.

망리한초忙裏閒抄[5]

임당任堂

권이장卷耳章

고사리 종일終日 캐되 반 광주리 못 참이어.
님 생각는 탓이런가 큰길에다 던저 주소.
님 계신 곳이라도 바라나 뵈옵고저.

놉흔 봉奉에 오르랴니 말이 또 한 병病들엇네.
술잔에 술 짤하 길이 생각 안흐리라.
뜻대로 못함이어 말 더욱 요란하네.

술 잇느냐 또 짤하라 취醉코나 지내리라.
몸과 말이 병病들어서 바라도 못 뵈오니
취醉코나 잠 일우어 꿈에나 뵈올라네.

규목樛木 · 종사螽斯

나무ㅅ가지 틀어저서 엉키엉키 엉켯도다.
원願컨대 님이시어 복록이 엉키소서.

5 『중외일보』, 1927. 12. 23. 『시경(詩經)』의 시를 번역한 것임.

매쑥이 쩨와 가티 자손子孫이 펴지소서.
엉키고 또 펴저서 씃 못 보게 하옵소서.

도요桃夭

복숭아 고읎 곳이 붉게 피어 빗나도다.
내 조코 쏫 조흐니 열매 쏘한 조흐리라.
봄바람에 피는 쏫이 열매 어이 업슬소냐.
님과 나 맛남이어 째가 더욱 조네그려.

추천사鞦韆詞[6]

난설헌蘭雪軒

그네를 노하두고 나려서서 말이 없다.
세모시 적삼에 군데군데 땀은 저저
떨어진 비녀나 잡아야 주울 줄도 이젓네.

蹴罷鞦韆整綉鞋
下來無語立瑤階
蟬衫細濕輕輕汗
忘却教人拾墮釵

6 『朝鮮中央日報』, 1934. 6. 18.

이태백초李太白抄[7]

자야오가子夜吳歌

한 쪽 장안長安 달에 長安一片月
만가락 다드미 소리. 萬戶擣衣聲

불어오는 가을 바람 秋風吹不盡
다 옥관玉關의 시름이거니. 總是玉關情

어느 날 되놈을 다 치고 何日平胡虜
낭군郞君이 원정遠征을 파하리. 良人罷遠征

▷ 장안(長安)은 당(唐)의 서도(西都), 지금 협서성(陝西省) 서안부(西安府).
옥관(玉關)은 장안 북(長安北) 3600리(里)에 있는 옥관(玉關).

추포음秋浦吟

강조江祖의 한 쪼각 돌 江祖一片石
청천靑天에 쓸은 화병畵屛 靑天掃畵屛

7 『三千里』12권 7호, 1940. 7.

시詩를 써 만고萬古에 두자니	題詩留萬古
퍼런 글자에 금태錦苔가 난다.	綠字錦苔生
백발白髮이 삼천三千 길	白髮三千丈
시름으로 이러하다.	緣愁似箇長
모르겠다 명경明鏡 속에	不知明鏡裏
어드런 게 가을 서린가.	何處得秋霜
천천千千 석남石楠나무	千千石楠樹
만만萬萬 여정女貞떨기	萬萬女貞林
산山마다 해오리 차고	山山白鷺滿
간수마다 잣나븨 우니	澗澗白猿吟
그대 추포秋浦를 가지 마소.	君莫向秋浦
잣나븨 소리 객의 맘을 바수네.	猿聲碎客心
나인邏人*이 조도鳥道를 비껴	邏人橫鳥道
강조江祖로 어량魚梁을 나오네.	江祖出魚梁
물은 급하고 배는 빠르고	水急舟行疾
뫼ㅅ꽃은 낯에 떨쳐 향긔롭네.	由花棉面香

* 나인(邏人)은 나(邏)땅에 사람.

파주문월把酒問月

청천青天에 저 달이 몇 번이나 온고	青天有月來幾時
내, 이제 잔을 멈추고 묻노라.	我今停盃一問之
사람은 달을 더위잡을 수 없지마는	人攀明月不可得
달은 도려 사람과 서로 따르도다.	月行却與人相隨
닷봇근 거울처럼 밝어 단궐丹闕에 다다르고	皎如飛鏡臨丹闕
녹연綠煙은 슬어지고 맑은 빛 퍼지어라.	綠煙滅盡清輝發
밤이면 바다 우로 옴을 볼 뿐이오	但見宵從海上來
새벽 구름 틈으로 지는 줄 어이 알리.	寧知曉向雲間沒
가을 또 봄, 힌 토끼 약藥을 찧고	白兎搗藥秋復春
항아姮娥는 외로 이웃할 이 뉘 있으리.	姮娥孤棲與誰鄰
지금 사람은 옛 달을 못 보았으되	今人不見古時月
지금 달은 옛사람을 비쳐왔도다.	今月曾經照古人
옛사람 지금 사람 흐르는 물과 같어	古人今人若流水
저 달은 봄이 다 이러하리.	共看明月皆如此
다만 원컨대, 노래하고 술 대할 때	惟願當歌對酒時
달빛은 항상 금준金樽에 비쳐다오.	月光長照金樽裏

▷ 단궐(丹闕)은 선궁(仙宮). 힌 토끼는 달 가운대에 있어 약(藥)방아를 찧는다 함. 항아(姮娥)는 선녀(仙女).

계석강상대월유회桂席江上待月有懷

기다려도 달은 아니 나고	待月月未出
강江만 절로 흐르더니	望江江自流
서편 성머리 푸른 허공에	悠忽城西郭
옥玉갈구리 산듯 걸려	青天懸玉鉤
그 빛은 비록 거둘망정	素華雖可攬
함께 노들 못하여라.	清景不同遊
반자기는 물ㅅ결 속에	耿耿金波裏
액작루額鵲樓만 처다 본다.	空瞻額鵲樓

오야제烏夜啼

황운黃雲성ㅅ城ㅅ갓 갈가마귀	黃雲城邊烏欲棲
날어 들어 깍깍 운다.	歸飛啞啞枝上啼
비단 짜는 진천秦川 여자	機上織錦秦川女
사창紗窓 격하여 말을 하다	碧紗如煙隔窓語
북을 멈춰 외오 그리고	亭梭悵然憶遠人
눈물로 빈 방만 지키는고야.	獨宿空房淚如雨

가람 이병기 전집

소설

연재連載 장편강담長篇講談,

『연산주燕山主』

李秉岐

연산주燕山主[1]

이병기(李秉岐)

1

연산주燕山主가 세자世子로서 동궁에 잇슬 때 하로는 그 아버지 님금— 성종成宗에게 허락을 어더 거리에 나와 놀다가 저녁 때에 돌아왓섯다. 성종이,

"네 오날 거리에서 무엇을 보앗느냐?"

고 물은즉 애차로운 비츨 얼굴에 씌우고 힘 업는 목소리로 이러한 대답을 하엿다.

"구경하염즉한 것이 업삽고 다만 송아지 한 마리가 잇서 그 어미를 따러가며 그 어미가 소리를 하면 그 송아지도 소리를 하여 응합데다. 그것이 퍽 부러웟서요."

하는 이 말을 들은 성종도 슬허워 아니할 수 업섯다.

이는 이러한 일이 잇섯다.

성종이 스므남은 때에 왕비 한씨를 여히고 봉상시 일을 보든 윤긔묘尹起畝의 딸을 갓가이 하여 큰 아들 - 연산을 나핫섯다. 그리고 그 뒤에 곳 그 윤씨를 비妃를 삼엇섯다. 그때 윤씨는 성종에게 남다른 사랑을 밧고 잇섯다. 그러나 성종은 비빈妃嬪을 열하나나 두고 자녀子女를 스

1 「連載 長篇講談, 燕山主」, 『別乾坤』 8권 4호, 1933. 4.

물 여달이나 두엇든이만큼 싼은 윤씨 한 분만 사랑한 것이 아니엇다. 지금 전하는 말에 성종이 자고나면 혈담血痰을 배터 방에 첫든 병풍 하나식을 버리게 되엇다 함을 보드라도 그 비빈들을 사랑함이 여간이 아니엇든 것임을 짐작하겟고 또는 그때 한 문신文臣인 유호인兪好仁을 작별하며 친히 술잔을 들어 권하고,

이시렴 부듸 갈다 아니 가든 못 할소냐.
무단이 네 슬터냐 남의 말을 들엇느냐.
그려도 하애답고야 가는 뜻을 닐러라.

하는 노래를 지어 부르든 거를 보드라도 그가 여간 감정이 여리고 편애하는 성품을 가젓든 이가 아닌가 십다.

그러하여 성종은 그 윤씨 외에도 엄씨·정씨 두 애인을 사랑하는지라. 윤씨는 이들을 퍽 싀긔하고 혹은 익명서를 하여 모함도 하며 혹은 자긔 방에다 독약이나 저주하는 글ㅅ발을 두고 어쩐 날은 성종에게 발악도 하고 손톱으로 할퀴어서 얼골에 상처도 내는 일이 잇섯다. 이 일을 성종의 어머니 되시는 인수대비가 알고 격노하여 마츰내 폐비까지 하게 된 것이다.

폐비를 한 뒤에도 찰썩 가튼 사랑의 근원은 오히려 쩔어지지 안흔지라 성종은 항상 그를 생각하고 정설하는 언문편지를 써 중관과 승지 짜위를 그 윤씨에게 보내어 읽혀들리고 그 허물 고치기를 바라고 바랏스나 필경 듯지 안흠으로 하는 수 업시 사약을 내리게 되고 말엇다.

윤씨는 사약을 바더 마시고 죽을 때 입엇든 힌 비단적삼을 벗어 가지고 약물과 피를 무치어 그의 친어미니 신씨에게 주며

"이 적삼을 잘 두엇다가 우리 아들이 자라거든 전해 주소서."
부탁을 하고 마주막 눈을 감어 버렷다.

2

어느 래림인지 어렷슬 때부터도 공부는 퍽 실허하고 작난만 조와하든 것이다. 부왕父王의 꾸중을 좀 어려이 녀기어 마지못하여 서연書筵에 나가 책을 대하여 안젓기는 하나 리도령의 글 읽드시 생각은 싼대가 잇서 아무리 훌륭한 유신儒臣의 강의를 듯는대도 한갓 막연할 뿐이엿다.

그뿐더러 쏘한 살생가튼 일을 하기 조와하는 악착하고도 잔인한 성질이 잇는 것이엿다.

어느 날 부왕의 여페 서 잇는데 부왕이 사랑하여 기르는 사향노루 한 마리가 잇서 반기고 달려들어 좀 할터보려 하는 것을 사정 업시 발로 탁 차버렷다. 부왕이 이걸 보고 짐승도 사람을 의지하는 것인데 어씨 그리 어질지 못하냐 한즉 더욱 앙심을 먹고 잇섯다가 나종에 부왕이 승하하고 그가 등극하든 그날 손수 그 사향노루를 쏘아 죽이엇다.

그리고도 그 직성이 못다 풀리엇든지 소인小人 유자광柳子光의 말을 듯고 워낙부터 자긔 자신이 학문하는 사람들을 실혀하는지라 그와 동의하여 무오사화戊午士禍라는 큰일을 일이키어 다수한 선비들을 혹은 죽이고 혹은 귀양 보냇스며 쏘는 아첨하는 임사홍任士洪, 신수근愼守勤 등의 말을 듯고 그 어머니 윤씨가 폐비될 때 참여하든 사람이든지 그 전 자긔에게 입바른 말을 하든 이들이면 모다 죽이고 이미 죽은 이면 그 시체를 끈코 썌를 부시어 바람에 날리고 어떤 시체는 강물에 던지기도 하고 그 자체와 동족까지 귀양을 보내고 죽이고 하엿다. 이는 곳 무오사화의 여섯 해 뒤에 일어난 갑자사화甲子士禍라는 것이다.

3

얼굴은 해말숙하고 구례날 수염이 좀 나고 키는 호리호리하고 눈에는 항상 홍분과 살긔가 잇다는 이것이 옛날 긔록에 남은 연산의 체형體形이다. 이 체형만은 한 소묘素描에 지나지 못하나 그래도 게서 대강 그가 어쎤 인가를 짐작할 수도 잇슬 것이다. 살생하기를 조와하는 그 싸위 성질은 무론 그 밧게 또 어떤 변태變態가 잇는가를 말하고 십다.

바람은 훈훈하게 불어오고 꼿치란 꼿츤 거의 다 피고 새란 새는 모다 즐겁게 우는 봄이 한창 무르녹은 때 이때의 살ㅅ고지들에도 척척 늘어진 버들ㅅ가지가 시름업시 흔늘거리고 다복다복 자라나는 아름다운 풀들은 푸른 비단 폭을 연하여 펼처노흔 듯한데 한편 산언덕에는 이 풍경을 보고 놀기도 조케된 화양정華陽亭이라는 정자가 서잇다.

그러나 이 정자에서 이러한 풍경을 보는 것이 아니라 그보다 더 조와하는 것이 잇스니 이는 그 비단 폭 가튼 풀 바테에 암말 수백 마리와 수말 수백 마리를 몰아너코 말놀음하는 광경을 보고 기생들을 다리고 노든 것이다. 이는 연산의 놀음ㅅ가운데 그 하나이다.

경복궁景福宮 후원에다도 서총대瑞葱臺, 창의문彰義門 밧게는 탕춘대蕩春臺, 서교西郊에는 연희궁衍禧宮을 지어두고 쏘는 돌구유를 큼즉하게 맨들어 노코 궁녀를 다리고 그 안에서 가진 희롱을 하엿스며 어느 쌔는 익선관翼蟬冠, 곤룡포袞龍袍도 다 치어 버리고 광대 옷에 탈ㅅ박아지를 뒤집어쓰고 기생들과 함께 신이 나도록 처용무處容舞도 추어보앗다.

그런데 이 놀음에 가장 필요한 것은 어엽분 녀자이엇다. 그러하여 각도의 어엽분 녀자와 조흔 말을 구해오는 교원을 두어 채홍준사採紅駿使라 하고 어엽분 소녀를 구해오는 관원을 채청사採靑使라하며 또 각도에서 근 만 명 기생을 뽑아 올려 이름을 운평運平이라고 궐내에 들어온 것을 홍청興淸·계평繼平·속홍續紅이라 하고 갓가이 한 것을 지과홍청地科興淸이라 하고 한번 갓가이 하고 난 것을 천과홍청天科興淸이라 하며 각골마다 운평運平을 두어 홍청보인興淸保人 올려 보내기를 준비하는대 이름하기를 호화첨춘護花添春이라하며 그들을 입히는 옷에는 아상복迓祥服이 잇고 그들의 거주하는 곳에는 연방원聯芳院·함방원含芳院·진향원趁香院·취홍원聚紅院이 잇스며 그리고는 유생들을 다 쏘처버리고 선성의 위패도 다 묵거 절간으로 보내고 성균관成均館을 연악宴樂하는 처소로 맨들고 문관·무관·유생으로 하여 가교駕轎를 메게하고 놀음놀이를 나가든 것이다.

팔도의 조흔 말을 구해 올려다가 운구運廐·기구麒廐·인구麟廐·룡구龍廐라는 대서 먹이게 하고 또 팔도의 매며 개며 진금기수珍禽奇獸를 모아들이어 후원後苑에 기르고 백성의 배를 빼앗아 들이어 경회루못에 띄우고 채붕採棚을 그 위에 맨들어 노코 만세萬歲·영춘迎春·진방鎭邦이라 일컷고 밤낫 홍청을 더불고 놀앗스며 광주廣州·양주楊州·고양高陽·양천陽川ㅅ골에는 백성들을 다 쏘차 버리고 겨우 내수사內需司의 노비奴婢들만 살게 하고 산양하는 곳들을 맨들고 산양할 때에는 응사鷹師 만여 명을 두어 싸르게 하고 어느 째에는 말 한 마리만 타고 구종 하나 비 오든 눈 오든 이리 달리고 저리 달리고 하며 다른 나루로는 건느지 못하게 금하고 다만 로돌로만 단이게 함으로 행인들도 여간 괴로운 것이 아니엇스며 백성들은 부역, 출염이 넘우나 만하 살 수가 업서 유리개걸하고 단이다 죽는 이도 적지 안하여 숭례문 밧 로돌 사이에 송장이 엉성드뭇하게 누엇섯다. 그리고 말하는 이가 잇슬가 하여 경연經筵과 사간원司諫院을 폐하고 상소上疏나 격고擊鼓도 못하게 하고 만일 시사時事에 대하야 비난을 하는 이가 잇스면 사형에 처하엿다.

4

근 만명 기생과 그 만흔 궁녀로도 오히려 부족하엿든가 내정內庭에 잔치를 베풀고 종실부인, 재상가부인 사대부가부인들을 모여 그 중의 자색이 잇는 이면 유인하여 들이고 혹은 그 때문에 그 남편의 작위爵位를 노피기도 하는 일이 잇스며 어썬 이의 첩은 가얏고도 잘하고 자색도 잇스나 웃지를 안는다고 그 남편을 생각함이라하여 그 남편을 죽인 일도 잇섯다.

그뿐 아니라 퍽 사랑하든 기생에도 지난밤 꿈에 그전ㅅ서방을 맛나 보앗다든가 어찌타든가 하는 말 한마대만 하면 곳 목을 베엇다.

또 그뿐 아니라 그 어머니의 원풀이를 한다고 갑자사화를 일으키어 참학한 일을 하엿거니와 그 동시에 우리 「한글」까지 망친 이도 그이다. 그 리유는 두 가지가 잇스니 하나는 그 어머니가 폐비되엇슬 째 보내든 성종의 언문편지를 미워함과 쏘 하나는 연산의 음학淫虐이 심함으로 어떤 이가 그 낫분 점을 들어 언문으로 적어 거리 위에 부친 것을 봄이다. 그래서 언문을 못 배우게 금하고 언문책을 모다 모아 불사르고 언문 쓰는 이를 사형에 처한다 하고 언문 쓰는 줄을 알고 고하지 안는 이는 혹독한 형벌을 한다고 하엿다.

5.

그러다가 십이 년만에 박원종朴元宗 · 성희안成希顔 · 유순정柳順汀 등이 연산주의 아우인 진성대군晋城大君을 추대하고 반정反正을 하여 성종 계비成宗繼妃인 자순태후慈順太后 윤씨의 조칙으로 주를 폐하여 연산군이라 하고 정전正殿을 피하고 대보大寶를 내노라 한 즉 그때야 비로소,

"내가 내 죄를 아노라."

하고 곳 대보를 내주엇다. (계속)

가람 이병기 전집

번역소설

『어둠에 반작이는 빛』

헨릭·센키-위츠 지음

李秉岐 譯

어둠에 반작이는 빗[1]

헨릭·센키-위츠[2]
이병기李秉岐 역譯

가을, 가을에도 구월이 되면 튼튼한 이라도 살기가 실증이 나게커럼 눅눅한 음산한 날이 가씀가씀 잇다. 카미옹카가 병들어 가지고 「가엽다」라는 제목의 조각을 새기든 때부터 조치 못한 일긔가 계속하여 병 그것보담도 한층더 그를 괴롭게 하다. 아츰마다 침상으로부터 긔어나와 화실 유리창에 매친 굵은 물ㅅ방울을 싯고 그리고 새파란 한울이 조곰이라도 보이어지지 안을가 하면서 밧갓을 내다보앗스나 아츰마다 그가 기다리고 잇는 것은 실망 뿐이엇다. 무겁고 거북스러운 검은 안개가 잔뜩 끼고 비는 오지 안는데 뜰 아페 깔린 돌은 물ㅅ긔를 먹음은 해면처럼 보인다. 이것저것 할것업시 모다 저저 번질번질하게 번지고 처마 홈으로 떨어지는 낙수물ㅅ방울은 음산한 이 때를 헤알이는 것처럼 일종 희망업는 단조한 소리를 내고 잇다.

화실의 창문은 화원과 나란하게 내밀고 잇다. 담 저쪽에 자라잇는 풀은 아즉 초록비츨 하고 잇스나 그건 일종 병적의 초록빛 중에 혹은 바

---

1 「어둠에 반작이는 빗」, 『가톨릭青年』 1권 1호, 1933. 6.

2 폴란드 소설가

스라짐과 죽엄의 비츨 씌고 잇다. 그러나 나무와 나무의 니픈 벌서 누러케 되고 습긔에 검으충충 해지면서 또 안개 때문에 얼마씀 그비치 바래지는 가지들도 모다 죽은 드시 보인다. 이 나무 사이로부터 항상 저녁 때가 되면 새 우는 소리가 들려온다. 그는 겨을을 지내려고 삼림이나 들에서 이 시가에 날어온 것인데 큼즉한 퍼덕이는 소리를 내면서 그 나무와 나무의 가지에 깃들이고 잇다.

날마다 일긔가 이러하매 화실은 무덤 속처럼 참암하다. 대리석이나 석고이나 맑은 날이 아니면 일을 할 수가 업다. 검웃한 광선ㅅ속에는 하얀 것이 일종의 슬픔을 씌우고 나타나는데 검은 질흙 인상人像의 윤곽의 선명함은 슬어지고 전혀 긔괴하다고도 할만한 부정확한 형상이 되어버린다.

더럽고 난잡함도 화실의 우울함을 일층 더하게 한다. 마루에는 몬지가 켸켸이 쌔엿는데 이건 마른 진흙덩이를 짓밟어서 가루를 맨들고 게다가 또 거리로부터 날려드는 몬지가 한데 석긴 것이다. 바람ㅅ벽은 들어나고 다만 여긔 저긔에 석고로 맨든 손, 발의 모델이 한 장식으로 꾸며 잇슬 쑨이엇다. 창문 여페는 조고마한 체경이 걸리고 그 위에는 말의 두개골과 몬지에 거진 검어진 조화造花의 쏫다발이 뇌어잇다.

한 모통이엔 침상이 잇스며 낡고 구긴 부들자리가 쌀리고 침상 여페는 한 상자짝이 잇고 그 위에는 철 촛대가 뇌어 잇다.

카미옹카는 경제적 리유로 하여 짜로 침실을 엇지 안코 그냥 화실을 쓰고 잇다. 그리고 언제든지 침상은 병풍에 가려 잇는데 지금은 이 병인이 침상ㅅ다리에 갓갑게 열어채친 창문으로 하여 밧갓 풍경을 바라보고 천긔가 조은가 어던가를 보기 위하여 여프로 움죽이고 잇다. 화실 천장에 씨어 잇는 또 한개 큰 창문은 밧게로 몬지가 쌔어 명랑한 날에도 여튼 수묵 빗가튼 광선만 들어올 뿐이엇다.

그러나 천긔는 줄곳 흐렷다. 얼마ㅅ동안 침침한 날이 계속되어 구름은 온통 한울을 덥고 공긔에는 퍽 습긔가 만코 무거운 안개가 스며들고 어둠은 점점 기퍼진다. 이때쌧 옷을 입고 침상에 누웟든 카미옹카는 넘우나 몸이 거북하게 되어진 듯한 늣김이 나서 옷을 벗고 누웟다.

실상 말하자면 그의 병은 대체로 자긔가 자포하고 실망하고 피로하고 슬퍼할 만큼 무슨 씀찍한 병인 것도 아니다. 그는 마음이 약해지고 원긔가 적탈하엿든 것이다. 그는 죽고십지는 아녓다. 그러나 살어갈 만한 힘이 잇는가도 생각지 아녓다.

답답한 이러한 날 긴 시간이 말ㅅ벗도 업기 때문에 더욱 긴 것 가텃다. 그의 안애는 죽은지가 벌서 스무 해나 되엇다. 그의 친척들은 다 가치 한 나라에서 살어도 멀리 떨어져 잇다. 그는 친구와 한데서 지낼만한 생활을 하지는 못한다. 이마적 사귄 벗은 누구나 그가 점점 슬프게 되어감으로 갓가이 하지 안는다. 또한 처음엔 그의 성질을 누구나 한 흥미를 가지고 보다가 나종에는 그가 차차 서먹서먹하게 되어 조곰 롱담만 해도 언제싸지든지 은의를 두는 싸닭에 가장 갓갑게 넘나드든 이싸지라도 모다 그와 교제를 끈허버렷다.

사람들은 그가 나이 만하짐을 따러 신앙심도 기퍼져가는 것을 낫브게 해석하여 그가 어대싸지가 진심인가를 의심도 한다. 입이 험한 이는 그가 교회에 안저잇는 것은 신부와 친해가지고 교회로부터 신품神品을 바드려고 함이라 한다 그러나 그건 정말이 아니다. 그의 신앙심은 깁고 정숙한 신앙으로서 흘러나오는 것은 아니나 그러나 리긔심利己心이 센 것은 아니다.

카미옹카가 지독한 가난에 몰리는 냥은 그때 말성ㅅ군들의 눈에 비치는 그대로이엇다. 제법 장구한 동안 그는 비용을 줄이기 위하여 화실에서 거처하엿다. 그가 무엇을 먹고 살어가는 가는 천주께서나 아실 것이다. 그리하여 몹시 건강을 해하여 마츰내 그의 얼골은 밀초로나 맨든 것처럼 누러케 되엇다. 그가 사람을 실허함은 누가 잇다금 친절하게도 그의 동정을 물으러 오는 것이 괴로웟든 까닭이다.

말하자면, 그는 성격이 약하고 편벽스럽고 무서운 불행한 남자이엇다. 게다가 그는 그의 결함이라고 할 만한 점도 그의 특유한 예술가의 긔질이 강한 것이고 보통ㅅ사람과는 성질이 전혀 달럿든 것이다. 가난하지마는 그가 돈을 만히 지녓스리라 하는 이는 틀린 수작이다. 카미옹카는 사실 가난뱅이엇다. 그는 가젓든 돈으로 모다 판조각板彫刻을 사버렷다. 그가 상자 속에 갈머두엇든 종의ㅅ 집에는 그것이 가뜩 들어 씨엇다. 그리하여 그것을 마치 고리대금업자가 돈을 세드시 탐욕과 다심함으로서 세든 것이다. 그는 이 취미를 무척 조심하여 사람에게 숨기든 것이다. 그건 아마 이 취미가 그의 큰 불행과 심각한 감정을 뿌리로 삼고 생겨나기 때문이다.

안해가 죽은 뒤 한 해가 지냇슬가말가 한 때 그는 어느 호고가好古家의 수집한 물건ㅅ가운대 아루미다를 새긴 낡은 판조각이 잇는 것을 보앗다. 이 아루미다의 얼골에서 그는 어댄가 자긔의 죽은 안해와 비슷한 점을 발견햇다. 그 판조각을 사들엿다, 그때부터 그는 이러한 동판을 모이기 시작햇다. 처음에는 아루미다를 조각할 뿐이엇스나 나종에는 조아하기를 더하여 다른 물건까지 손을 댓다.

자긔가 가장 사랑하는 것을 여힌 사람은 생활을 어느 일에든가 집착시기지 안코는 잇슬 수 업다. 그러치 안으면 그들은 살어갈 수가 업다. 카미옹카에 대하여 말해도 과이 점지도 안은 고집스러운 자아에 강한

이 남자가 자긔의 존재 이상 안해를 사랑하고 잇다는 건 누구나 꿈에도 생각지 못하리라. 또 그녀자만 죽지 아넛드면 그에게도 더욱 너그럽고 안상한 사람다운 생명이 흐르리라 일컷는 것도 아마 생각지 못하리라. 그러나 카미옹카는 그 사랑 때문에 그의 행복스러운 날과 그의 청춘과 그리고 그의 재간싸지라도 더 길게 어든 것이다.

그의 신앙심은 해가 가는 동안에 외적外的인 형식을 부시지는 안으려고 하는 단순한 습관으로 변햇스나 이것도 워낙은 그의 이러한 사랑으로부터 소스처 온 것이다. 필경 카미옹카는 기픈 신앙이 잇는 이는 아니지마는 안해가 죽은 뒤 죽은 이의 명복을 빌기 시작한 것이다. 그에게는 이것이 죽은 안해에게 하염즉한 다시 업는 일로서 이 때문에 두 사람을 한가닥 쓰나풀에 잡어 맨 것처럼 생각함이다.

표면에 쌀쌀하게 보이는 성질을 가진 이는 도리어 힘차게 깟간하게 사랑을 할 수가 잇는 이다. 안해 죽은 뒤 카미옹카의 전 생활과 품고 잇는 모든 사상은 스스로 그녀자를 생각하기에 골몰하여 거긔서 영양을 취해내는 것이 마치 겨으사리[기생식물寄生植木]가 쑤리를 뻐처 나려 밋나무의 영양을 취함과 가튼 것이다. 그러나 사람이란 생물은 이러한 생각 가운대로부터는 슬품과 큰 괴로움으로의 독액毒液 밧게는 아무것도 섭취할 수가 업다. 함으로 카미옹카도 또한 자신을 해하고 괴롭게 할 뿐이요, 그 밧게는 아무 유익도 못 어덧다.

만일 그가 예술가가 아니엇드면 그는 아마 여태쌋 살어오지 못햇슬 것이다. 그걸 그는 이 천직 때문에 구원되엇든 것이다. 그는 안해 죽은 뒤 그 녀자를 위하야 긔념비를 맨들기 시작하엿다. 죽은 이는 어쪈 무덤에 누엇든지 마찬가지겟다 함을 살어 잇는 이에게 말한대도 그는 아무 소용도 업다. 소시아[안해의 일홈]를 위하여 무덤을 아름답게 하기를 바란다. 그리하야 그걸 맨드는데 손으로도 못하지 안커니와 마음으로는 더욱 지극하엿다. 이럼으로 그는 처음 반년 동안은 미치지 안코 지냇스나 그러나 절망에는 버릇이 되다시피 하엿다.

그는 이상스러운 그리고 불상한 남자이엇다. 그러나 예술이 예술가를 구원하엿다. 그때부터 카미옹카가 오래 살어오는 것은 전혀 이 천직의 덕분이다. 화랑畵廊에 조각이나 초상을 보는 사람들에게는 예술가들이 자긔의 제작에 정직하게 종사햇나 부정직하게 종사햇나를 쌔노코 볼 수가 업다. 그러나 이 제작에 잇서서는 카미옹카에게는 시비하잘 것도 업다. 그는 두 엇개에 날개를 달고는 잇잔타.(천재는 아니다.) — 그는 범인보다 얼마쯤 나은 재능을 가지고 잇슴에 지내지 못한다. 아마 그 때문에 예술로는 그의 생활은 자래지 못햇든 것이다. 다시 말하면 예술은 그가 일허버린 것의 전부를 당할 수 업든 것이다. 그러나 그는 예술에 대하여 기피 존경을 하고 잇다. 그러나 예술에 대해서는 어대까지든지 진실하엿다. 여러 해 로작勞作하는 동안에도 그는 예술의 유혹에 쏠린 일은 업섯다. 거긔에 대하여 혹은 명성, 리욕, 칭찬을 엇기 위하여 혹은 시비를 무서워하며 마음에도 업는 제작에 손을 댄 일은 한 번도 업섯다. 그는 항상 감촉하는 그대로 표현하엿다. 지금과는 아주 딴사람가치 생활하고 잇든 행복스러운 째에도 만일 예술에 당한 일이라면 그는 전혀 큰소리를 치게 되엇다. 그 뒤에 모다 그를 멀리하게 됨으로부터 그는 가씀가씀 고적한 화실에서 이 예술의 고찰을 탐하여 그걸 노픈 영예로 하엿다.

그는 극도로 포기暴棄되엇다고 늣겻다. 그러나 그건 별로 이상할 것도 업는 일이다. 사람과 사람 서로의 관계는 일종의 중용의 도를 보존치 안해서는 아니 된다. 그 때문에 별나케 불행한 이는 생활로부터 떠나게 된다. 그 때문에 그들은 마치 급류에 밀려나리다 제쳐진 돌이 다른 돌과 갈리지는 안코 자연 이끼가 끼는 것처럼 사람에게 만흔 편벽이 생겨 비상한 편성이 된다. 지금 카미옹카는 병들어 잇는데도 그의 화실에는 숨을 통하고 잇는 이는 하나도 들오지 안는다. 다만 게집 하인 한 사람이 례외로서 그는 하루에 두 번씩 그의 방에 와서 차를 다리고 그걸 먹여준다. 들올 적마다 그 녀자에게 의원을 불러달라고 하엿다. 그러나 그는 그 비용을 념녀하여 언제든 코대답만 하고 말엇다.

마츰내 그는 무척 쇠약하엿다. 그래서 차이 외에는 아무것도 목구멍에 넘어가지 안엇다. 그리고 그는 그때 음식에나 일에나 생명에나 아무 욕망도 가지지 안엇다. 그의 생각은 마치 창 넘어로 보이는 나무닙가치 시들어 버렷다. 그의 그러한 생각은 이 가을이 안해와 이 음산한 천긔와 전혀 가텃든 것이다. 대체 일생 가운대 어쩐 때가 실증이 난다 하면, 하지 안으면 안 될 일을 다하고 살지 안으면 안 될 만큼 살어 벌서 이 세상에서는 자긔의 할 일이 아무것도 업게 된 때처럼 한심한 때가 업다. 카미옹카는 자긔의 재능이 다해졋다 하는 쑤준한 근심 속에 거진 열다섯 햇 동안을 생활하엿다. 지금 그는 그것이 다하여버린 것 가치 생각되엇다. 그리하여 예술까지도 자긔를 포기하는 것임을 한하고 잇다. 그럼으로 그는 전신의 뼈의 마듸마듸 씃까지 고달픔과 헛됨을 늣겻다. 그는 급히 죽을 것이라고도 생각지 안엇다. 그러나 건강은 회복하리라고도 밋지 안엇다. 간단히 말하면 그에게는 아무 희망의 빗도 업섯든 것이다.

가령 그가 무엇을 희망한다하면 그건 천긔가 조아지는 것과 일광이 화실 속으로 비쳐드는 것 뿐이엇다. 그러면 혹시 심신이 위안 될지도 모르겟다는 것이다. 그는 언제든 눈석임과 음산함에는 특별히 감촉이

빨렷다. 그런 날에는 항상 그의 슬픔과 거북한 늣김이 기퍼젓다. 카미옹카는 이걸 '희망 업는 시간'이라고 이름을 하엿스나 지금은 더군다나 게다가 병과 합치한 상태가 아니면 아니 되겟다.

저녁 때마다 하인이 차를 가조면 그는 뭇는다.

"혹시 한울 끗테 구름거친 곳이나 보이지 안는가?"

"한데, 이 안개 때문에."

하고 그 녀자는 대답한다.

"마주선 이의 얼굴도 분간할 수 업는데요."

카미옹카는 이 말을 듯자 눈을 감고 오랫동안 운신도 안코 누워 잇다. 뜰에서는 물방울이 처마 홈으로 한 모양으로 단조하게 똑똑 떨어지는 외에는 언제든 고요할 뿐이다.

어느 날 오후 세 시쯤 카미옹카는 촛불을 켜어야 할 만큼 어둡게 되엇다. 그는 그 불만 켜기에도 어려울만치 쇠약해졌다. 그는 석냥을 드는데도 한참 애를 썻다. 그래 어색하게도 손을 펴엿는데 그 안의 소매로 하여 손의 야윈 것이 눈에 띄인 것도 조각가로서의 그는 스러움과 한심함을 한쌧 늣겻다. 그는 촛불을 켜고 또 누워서 저녁 때 하인이 올 때싸지 눈을 감은 채 홈으로 떨어지는 물방울 소리만 들으면서 운신도 아녓다.

그 때 자긔의 화실이라도 이상하게 보인다. 촛불의 불꼿은 카미옹카가 누워 잇는 침상에 혈색업는 싼질싼질한 그의 이마를 초ㅅ점으로 하여 비친다. 방 한편은 어둡게 되고 그리고 그 어둠이 점점 더해진다. 그러나 밧갓이 어둡게 됨을 싸라 여러 조각의 형상은 차첨차첨 붉은 비츨 띄어 생동생동해진다. 촛불의 불꼿은 써쳣다 옴쳣다 한다. 그래 그 흔들거리는 불빗 속에서 조각도 쏘한 써쳣다 옴쳣다 한다. 그것은 마치 조각들이 조각자의 얼굴을 더 쪽쪽이 보고 제작자가 아즉도 살어 잇는가 어쩐가를 알고저하여 발톱 쓰트로 듸듸고 서서 가만가만 오는 것처럼 보인다.

물론 그의 얼굴에는 일종 움즉일 수업는 죽엄의 비치 나타난다. 그러나 병인의 검붉은 입술은 미미하게 썰고 잇다. 혹은 긔도하는 것처럼 혹은 자긔의 고적함과 그리고 병석의 시간을 단조하게 헤알이는 그 실증나는 물방울을 저주하는 것처럼.

어느 날 밤 계집하인은 좀 취하여 와서 그런지 다른 때보담 떠들엇다.

"저는 여러 가지 일에 분주한데요, 하루에 두 번 문안하는 것이 어썰가요."

하고 그 녀자는 말하엿다.

"만일 서방님께서 자비회의 수녀를 부르신다면 돈은 조곰도 아니 들겟습지요. 그리 고 병인에게는 매우 친절하지요."

이 말이 카미옹카를 반갑게 하엿다. 그러나 괴로운 이는 누구나 마찬가지로 그는 남이 하는 충고는 어떤 일에든지 반대하는 버릇이 잇다. 그래서 그는 동의를 하지 안엇다.

그러나 그 녀자가 나간 뒤에는 그는 이러케 생각한다.

"올치 자비회의 수녀이면 돈은 조곰도 안 들겟지. 그리고 그는 퍽으나 훌륭하게 간호와 위로를 해주겟지."

카미옹카는 고독한 다른 병인과 가치 만흔 고통을 격고 참혹한 무수한 불행과도 싸웟다. 그따위는 도저히 견댈 수 업슬만치 그를 괴롭게 하엿다. 벼개를 고쳐 베려고 움죽어리어 머리를 굽으린 채 두어 시간씩 그대로 지내기를 한두 번만 아녓다. 밤이 되면 그는 싸늘하여진다.

이런 때 차 한잔을 마시면 그의 깃븜이 어쩌할가 함은 천주께서나 아실 것이다. 그러나 촛불 켜기도 곤난햇다. 하면 차를 맨든다는 게야 어쩌케 상상이나 할가. 자비회의 수녀이면 그네들 누구나 그런 것처럼 부드럽고 민첩함으로 모다 이러한 일을 주변해줄 것이다. 만일 그들에게 간호를 밧는다면 병에도 여북 편햇스리요! 이 불상한 남자는 정말 그러한 조건하에서 잇스면 병도 오히려 알흘 만한 것이 아닐가 하고 생각게 된다. 그러나 자긔는 그러한 행복을 어들가 어떨가는 퍽 의문이다.

만일 수녀가 또 와서 이 화실에 조곰이라도 깃븜과 위로를 제공해준다면 아마 밧갓 천긔도 밝어지고 물방울소리도 자긔를 짜르기를 그칠 것 가치 생각하엿다.

그는 마츰내 그 녀자의 권고를 바루 듯지 안흔 것을 후회하엿다. 길고 답답한 밤이 온다. 그 녀자는 내일이 아니면 그 얼굴을 이 방에 보이어주지 안는다. 그는 지금야 오날 밤은 자긔에 대하여 지금싸지의 어느 밤보담도 쓰라린 생각이 낫다.

그 때 그는 자긔를 라사로의 한 사람이라고 생각도 하엿다. — 지금 참혹함에 비하여 옛날 행복스럽든 시절이 그저 현연하게커럼 눈 아페 써돈다. 먼저 자비회의 수녀의 일을 생각할 때처럼 한 모양으로 생동생동하게 그러한 시절을 생각함은 해와 광선과 명랑한 천긔와 함께 자연에 합치하엿다.

그는 자긔의 죽은 안해를 생각하고 알는 때 언제나 하든 버릇처럼 그 녀자에 대하여 이야기를 하기 시작하엿다. 얼마 아녀서 그는 피로하고 쇠약해짐을 늣기면서 기피 잠들어버렷다.

촛불은 차첨차첨 타간다. 그 불쏫은 붉은 비츠로서 푸른 비츠로 변하여 그리고는 두어 번 쌈박 밝엇다가 써저버린다. 기픈 어둠이 화실을

싼다.

그러나 그사이 뜰에서는 물방울이 자긔네 힘으로 어둠과 탄식함을 일체 자연으로 증류나 되어 오는 것인가 하는 것처럼 평등하게 우울함에 떨어지고 만다.

카미옹카는 이윽고 편안하게 자고 잇다. 그러나 화실에서 무에 이상한 일이나 일어난 것처럼 일종 놀랠만한 인상을 밧고 갑자기 눈을 떳다. 밧갓은 벌서 환하다. 대리석과 석고는 힘스럽해진다. 침상 마즘쪽에 부터 잇는 넓은 베니쓰식 창문에는 점점 창백한 비치 쏘아든다.

이 비체 카미옹카는 자긔 침상 여페 한 인형이 안저 잇는 것을 보앗다.

그는 큼숙하게 두 눈을 뜨고 그 사람을 본다. 그는 자비회의 수녀이엇다.

그 녀자는 몸도 꺗댁 안코 안저서 머리를 숙인 채 한편 창문을 행하여 잇다. 두 손은 무릅 위에 언고 — 긔도하고 잇는 것처럼 보인다. 병인에게는 그녀자의 얼굴은 볼 수가 업스나 힌 머리 수건과 연연한 두 엇개의 검은 윤곽은 분명하게도 보엿다.

그의 심장은 좀 신경적으로 고동하기 시작한다. 그리고 이러한 질문이 머리로서 흘러나온다.

"저 하인은 언제 이 자비회의 수녀를 청해왓나. 저 녀자는 또 어찌하여 방에 들어 왓슬가?"

그는 좀 잇다가 자긔가 몹시 쇠약해져서 아마 이런 환상幻像이 보이는게다 하고 눈을 감엇다. 그리고 얼마 아녀 또 썻다.

자비회의 수녀는 역시 그곳에 안즌 채 긔도를 하는 것처럼 꼼작도 안는다.

무섬과 깃븜이 뒤석겨 잇는 이상한 감정이 병인의 머리털을 쭈뼛하게 하엿다. 무슨 까닭 모를 힘이 그 녀자에게 그의 눈을 쓸게 한다. 그는 그 녀자를 맛나본 일이 잇는 듯도 하나 그러나 어대서든가 어느 때든가는 생각해지지 안는다. 그 녀자의 얼굴을 분별하고 시픈 생각도 잇섯스나 그러나 힌 머리수건이 그를 가리고 잇다. 카미옹카는 웬 까닭인가를 모르고 말 부처볼 수도 꼼작할 수도 크게 호흡할 수도 업섯다. 무섬과 깃븜의 감정이 차첨 굿세게 그를 족치는 것을 늣길 뿐이엇다. 그는 놀래어 뭇는다.

"이게 웬 일인가?"

그러는 동안에 밤은 다 밝엇다. 밧갓은 과연 청랑한 아츰이 되엇다. 화실 안에는 아무 가림도 업시 별안간 통창한 깃븜과 가튼 비치 봄이나 오월처럼 흘러 들온다.

황금빗 가튼 물결이 홍수처럼 긔세 조케 방안에 차고 대리석상도 그 빗나는 속에 빠져 녹아지는가 할 만큼 힘차게 넘쳐온다. 벽은 비체 가렷다가 다음엔 빗과 함께 슬어저버린다. 카미옹카는 무한히 빗나는 공긔 속에 나분대는 것처럼 생각히엇다.

그는 수녀의 머리 수건이 그 유난한 힌 비츨 일키 시작하고 그리고 그 끄치 떨리고 녹고 맑은 안개처럼 슬어저버리고 한 비치 되어버린 것 가치 생각한다.

수녀는 슬며시 병인에게 얼골을 돌렷다. 버려두엇든 이 환자는 잠시도 이즐 수 업는 기피기피 사랑하고 잇는 죽은 안해의 얼골을 이 통창한 빗속에서 어더보앗다.

그 안해는 침상에 갓가히 왓다. 가슴에서는 갑자기 허다한 슬픔과 눈물과 괴로움과 절망이 융합된 부르지지는 소리가 일어난다.

"소시아. 소시아."

그리고 그는 안해를 자긔 편으로 갓가히 오게 하엿다. 그 녀자는 남편의 머리 위에 두 손을 들어 걸쳣다.

방안은 새삼스러이 새삼스러이 밝어진다.

"당신은 항상 나를 생각해주십니다."

하고 필경 그 안해는 말을 하엿다.

"그래 내가 왓습니다. 당신 덕분에 나는 평안히 승천을 하엿습니다."

카미옹카는 그 행복스러운 환상이 빗과 함께 슬어저버리지나 안흘가를 두려워하는 것처럼 잠시도 자긔의 손에서 그 안해를 쩨노치 안는다.

"만일 부인이 나와 함쎄 잇서준다면 나는 세상을 써나도 조아요."

하고 그는 대답하엿다.

그 녀자는 천신처첨 미소를 하엿다. 그리고 그의 머리로서 한 손을 내려 한울을 가리치며 말하엿다.

"당신은 벌서 운명을 하섯습니다. 보시오."

그는 그 녀자의 손 씃을 본다. 그러면 무엇인가 창문 저편에 우울하고 적적한 자긔의 화실이 보이고 침상 위에는 자긔의 시체가 큰입을 벌리고 누워 잇다. 입은 마치 누런 얼굴에 쑬린 구멍과 가텃다.

그는 그 야윈 간여린 몸을 혹시 다른 사람이나 보는 드시 보앗다. 그러나 얼마 아녀 그 밝은 비치 저 세상에서 불어오는 바람에 급히 날리는 것처럼 어댄가 무궁한 저편으로 슬어지자, 지금싸지의 모든 것도 그의 눈으로서 슬어지고 만다.

– 가람 이병기 –
신문 · 잡지 발표 번역시 목록 일람표

순	제목	출전	연도	비고
1	金剛山 楓岳 閨情 貧女吟	조선문단 9호	1925. 6.	
2	長恨歌	조선문단 10호	1925. 7.	
3	烏夜啼 落花岩 示友人 春日城南即事 即事	동아일보	1925. 7. 8.	
4	譯時調:月夜與客飮杏花下	시대일보	1925. 7. 27.	
5	忙裏閒抄: 卷耳章 樛木 · 螽斯 桃夭	중외일보	1927. 12. 23.	
6	鞦韆詞	조선중앙일보	1934. 6. 18	
7	李太白 抄: 子吳夜歌 秋浦吟 把酒問月 桂席江上待月有懷 烏夜啼	삼천리 12권 7호	1940. 7.	

가람 이병기 전집 ❸

번역시 · 소설 · 번역소설

지은이 이병기, 이백 외
옮긴이 이병기 외
펴낸이 이남호
펴낸곳 전북대학교출판문화원

초판 1쇄 인쇄 2017. 9. 25
초판 1쇄 발행 2017. 10. 13

전북대학교출판문화원 전라북도 전주시 완산구 어진길 32 (풍남동2가)
전화 (063) 219-5321~2
FAX (063) 219-5323
출판등록 2012년 8월 20일 제465-2012-000021호

값 18,000원

ISBN 979-11-87892-64-9 04810
ISBN 979-11-87892-59-5(세트) 04810

이 도서의 국립중앙도서관 출판예정도서목록(CIP)은 서지정보유통지원시스템 홈페이지(http://seoji.nl.go.kr)와 국가자료공동목록시스템(http://www.nl.go.kr/kolisnet)에서 이용하실 수 있습니다. (CIP제어번호 : CIP2017024936)